会社別就活ハンドブックシリーズ

JN085566

2025

川崎重工業の
就活ハンドブック

就職活動研究会 編
JOB HUNTING BOOK

は じ め に

　2021年春の採用から，1953年以来続いてきた，経団連（日本経済団体連合会）の加盟企業を中心にした「就活に関するさまざまな規定事項」の規定が，事実上廃止されました。それまで卒業・修了年度に入る直前の3月以降になり，面接などの選考は6月であったものが，学生と企業の双方が活動を本格化させる時期が大幅にはやまることになりました。この動きは2022年春そして2023年春へと続いております。

　また新型コロナウイルス感染者の増加を受け，新卒採用の活動に対してオンラインによる説明会や選考を導入した企業が急速に増加しました。採用環境が大きく変化したことにより，どのような場面でも対応できる柔軟性，また非接触による仕事の増加により，傾聴力というものが新たに求められるようになりました。

　『会社別就職ハンドブックシリーズ』は，いわゆる「就活生向け人気企業ランキング」を中心に，当社が独自にセレクトした上場している一流・優良企業の就活対策本です。面接で聞かれた質問にはじまり，業界の最新情報，さらには上場企業の株主向け公開情報である有価証券報告書の分析など，企業の多角的な判断・研究材料をふんだんに盛り込みました。加えて，地方の優良といわれている企業もラインナップしています。

　思い込みや憧れだけをもってやみくもに受けるのではなく，必要な情報を収集し，冷静に対象企業を分析し，エントリーシート作成やそれに続く面接試験に臨んでいただければと思います。本書が，その一助となれば幸いです。

　この本を手に取られた方が，志望企業の内定を得て，輝かしい社会人生活のスタートを切っていただけるよう，心より祈念いたします。

就職活動研究会

Contents

第1章 川崎重工業の会社概況   3

社長メッセージ ……………………………………………… 4

会社データ ……………………………………………… 5

仕事内容 ……………………………………………… 6

先輩社員の声 ……………………………………………… 8

募集要項 ……………………………………………… 10

採用の流れ ……………………………………………… 11

2023年の重要ニュース ……………………………………… 12

2022年の重要ニュース ……………………………………… 14

2021年の重要ニュース ……………………………………… 16

就活生情報 ……………………………………………… 18

有価証券報告書の読み方 …………………………………… 28

有価証券報告書 ……………………………………………… 32

第2章 機械業界の"今"を知ろう   117

機械業界の動向 ……………………………………………… 118

ニュースで見る機械業界 …………………………………… 123

機械業界の口コミ ……………………………………………… 130

機械業界　国内企業リスト ………………………………… 136

第3章 就職活動のはじめかた   141

第4章 SPI対策   197

第1章

川崎重工業の会社概況

会社によって選考方法は千差万別。面接で問われる内容や採用スケジュールもバラバラだ。採用試験ひとつとってみても，その会社の社風が表れていると言っていいだろう。ここでは募集要項や面接内容について過去の事例を収録している。

また，志望する会社を数字の面からも多角的に研究することを心がけたい。

✔ 社長メッセージ

社会のニーズを的確に捉え、
スピーディーに適応する企業グループへ

新興国における急速な産業の発展や人口増加などに伴う環境悪化リスクの懸念、先進国における高齢化の進展に伴う労働人口の減少に加え、航空・物流網の発達やインターネットの普及によりグローバル化が進む中で、新型コロナウイルスによるパンデミックの発生により、いま世界は激動の変革期を迎えています。そして、わたしたちのライフスタイルやビジネススタイルなど、従来の価値をあらためて問い直さなければいけない機会に直面しています。

当社グループは 1896 年の創立以来、120 年以上にわたり、陸・海・空の幅広い事業分野で、ものづくりを通じて高い技術・知見を培ってきました。それぞれの時代において、最先端の技術をベースにさまざまな価値を提供してきましたが、常に世界の人々の多様な要望に応える製品・サービスを時代の変化に合わせて提供し、お客様と社会の可能性を切り拓く力になることが、当社グループの掲げるミッション「世界の人々の豊かな生活と地球環境の未来に貢献する "Global Kawasaki"」の実現に繋がるものと確信しています。

今後も、新たな時代の社会課題を的確に捉え、お客様の「期待と信頼」に応えて課題を解決していくためには、世の中の変化にタイムリーに応え、新たな付加価値を届けることが必要と考えています。そこで、2030 年に目指すべき企業像として、「つぎの社会へ、信頼のこたえを」というビジョンを制定しました。この言葉には、「刻々と変わる社会に、革新的なソリューションをタイムリーに提供し、希望ある未来をつくっていく」、「さまざまな枠を超えてスピーディーに行動・挑戦することで、自らの可能性を拡げ成長し続けていく」という意味が込められています。

常にお客様とともに迅速にソリューションを考え、行動していくことで、自分たちが社会の「カワる、サキへ。」を体現するとともに、これまで以上にグローバル展開を進めて事業の成長を図ることで、コンプライアンスや企業の社会的責任 (CSR) を果たしながら世界中の人々から信頼される企業を目指してまいります。

引き続きのご支援を賜りますようお願い申し上げます。

代表取締役社長執行役員　橋本 康彦

✔ 会社データ

設立年月日	1896年10月15日
本社所在地	東京本社 〒105-8315 東京都港区海岸一丁目14-5 Tel. 03-3435-2111 / Fax. 03-3436-3037 神戸本社 〒650-8680 神戸市中央区東川崎町1丁目1番3号　（神戸クリスタルタワー） Tel. 078-371-9530 / Fax. 078-371-9568
代表者	代表取締役社長執行役員　　橋本　康彦
資本金	104,484百万円（2023年3月31日現在）
発行済株式総数	167,921,800株（2023年3月31日現在）
連結売上高	1,725,609百万円（2023年3月期）
連結従業員数	38,254人（2023年3月31日現在）

✔ 仕事内容

基本設計

営業活動の第一歩となる基本的な設計を担当する職種です。まず、顧客のニーズを調査し、製品の仕様と価格を検討し、「どのようなものを作るのか」を提案します。必要に応じて顧客のもとへ出向き、プレゼンテーションやヒアリングを行います。

営業

営業部門は、設計・製造部門などと連携をとりながら、製品の受注から契約、納入、代金の回収に至る一連の業務を担当します。

営業職は、受注営業と工場営業に大きく分かれており、受注営業は社会や顧客のニーズを把握し、積極的に顧客へプレゼンテーションすることで案件受注に結びつけることが主な仕事です。

工業営業は、案件受注後の契約履行を主に担当し、製造過程での顧客の要望を製造部門に伝え、各部門との折衝や適正な利益の確保に努めます。

詳細設計

基本設計が「どのようなものを作るか」を検討する役割を担うのに対し、詳細設計では「基本設計をどのように具現化するか」についての設計を行います。

詳細設計を行うにあたり、顧客のニーズ・契約を遵守しながらも、機能・性能だけではなく、製品コストや信頼性にも配慮した設計が必要となります。さらに設計段階での仕様は、その後の製造に大きな影響を与えるため、作業の正確さ、スピード、コストダウンを考慮した業務のシステム化を図っています。

資材調達

資材調達部門は、生産に必要な原材料・部品をQCD（Quality, Cost, Delivery）の面から最適な条件で購入することが主なミッションです。

製品価格における材料費の割合が高いため、材料費の低減が利益創出に大きく貢献します。そのため、製品の機能を低下させることなく製造コストを低減するべく、国内のみならず世界中のサプライヤーから、最適な調達計画を模索しています。

生産技術・工作

生産工程管理、工作技術の開発、生産システムの開発などを通じて、製造ライ

ンに「効率よく、高品質のモノづくり」を実現する役割を担う職種です。
製品の加工・組立におけるミスの発生を防ぐためのライン構築、作業員を長時間の労働から解放し、製品の精度を上げるための自動化などの業務を行っており、モノづくりの第一線、もっとも製品に近い職種です。

品質保証

川崎重工から生み出される製品の品質を担保する重要な役割です。品質保証部門では、検査技術の開発をはじめ、設計、調達、製造、出荷およびアフターサービスに至る全工程を通して、製品の品質を管理・維持しています。
各製品は顧客や社会が求める品質を達成することで、信頼を獲得し、川崎重工の事業を発展させることができるのです。川崎重工では、全事業部門で国際品質規格 ISO9000 シリーズの取得を完了、自社の品質保証体制を明確にしています。

研究開発

今後も川崎重工が社会に貢献し、発展していくためには、常に時代の先端をゆく技術開発が必要となります。そこで川崎重工では、構造・材料・流体・燃焼といった基盤技術、制御・電気・電子・メカトロニクスといったシステム技術などの研究が進められています。研究開発職は、多数の研究開発対象の中から、将来の事業展開に必要なものを選別し、製品としての実用化を図っています。

スタッフ部門

スタッフ部門の仕事は、川崎重工が抱くビジョンを達成するために欠かせない重要なものです。まず、モノづくりのサイクルを円滑に回すため、ヒト（総務・人事・法務）、カネ（財務・経理）を絶えずサポートするのがスタッフ部門の役割です。また、モノづくりを通して展開される事業部門や全社の経営計画を策定・フォロー（企画・管理）する役割も担います。

✔ 先輩社員の声

自分のやりたいことを貫き，
結果として正解の企業選択

【化学系／研究開発／ 2014 年入社】
入社理由▶大きくてかっこいいモノづくりに惹かれた。

もともとエネルギーや環境といった分野に関心があったため，そのような製品を扱うメーカーを検討していました。同時に，グローバル競争が進む中で，世界に負けない日本の技術は何だろうと考えた時，「とても大きなモノづくり」か「とても小さなモノづくり」ではないかと思いました。私自身は小さなモノよりも大きなモノを作る仕事に惹かれたので，最終的に，船やプラントなど大きくてかっこいいモノを作っている重工メーカー・川崎重工を志望しました。また，たとえ結婚したとしても定年まで働き続けたいと思っていたので，「くるみんマーク」を取得している川崎重工なら安心して働いていけると考えたのも志望理由の一つです。

現在の仕事内容▶排ガス浄化システムの開発に取り組んでいます。

入社後は一貫して，モーターサイクルの排ガス浄化システムの開発に携わっています。排気ガス中の有害物質はエンジンを出た後，「触媒」を通って安全な物質に化学変化し，車外に排出されます。私が手がけているのは，この「触媒」の研究開発です。モーターサイクルの排気ガスの規制は年々厳しくなるばかり。その規制をクリアし，クリーンでありながらも，Kawasaki 製モーターサイクルの強みである出力を犠牲にしないようなシステムの開発を目指しています。

キャリアビジョン▶周囲を動かす力を持った技術者になりたい。

将来は，自分の専門知識を高めるだけでなく，周囲を動かす力を持った技術者として成長していきたいと考えています。キャリアが上がるにつれ，部下を持ったり，他部門のメンバーと一緒にプロジェクトを推進したりといったように，人と関わる仕事が多くなっていきます。そんな立場に就いた時，しっかり周りの人々を動かすだけの力を備えていたいと思っています。
また技術分野について言えば，今は環境性能をテーマにしていますが，それに必要以上に固執しているわけではありません。将来，どのような技術分野に関わることになるかわかりませんが，川崎重工ならどのようなテーマを担当することになってもおもしろいに違いありません。

学生へのメッセージ▶自分のやりたいことを貫いてください。

上でも少し書きましたが，私も入社前は，重工メーカーなので男性ばかりいるイメージがあり，やっていけるか不安でした。しかし実際は，工学部にいた学生時代の方がはるかに男性ばかりの環境で，今の方がむしろ過ごしやすく感じています。学生と社会人では過ごし方がまったく異なるので，学生時代は男性ばかりの環境に過ごしにくさを感じていた人も，企業ではうまく働いていけると思います。そう言う私も実は就活中に，「女性が多い会社の方が働きやすいのかな」と思ったこともありました。しかし最終的には，やりたいことを重視して川崎重工を選択しました。その結果，充実した日々を送ることができています。「女性が少なそう」というイメージだけで，やりたいことをあきらめたり，入社したい会社を敬遠したりするのはもったいないと思います。ぜひ自分のやりたいことを貫く就職活動・企業選びをしてください。

気負いなく，自分らしい
働き方ができる場所

【文系／資材調達発／2008年入社】
入社理由▶自分らしく働ける会社だと直感した。

私の企業選びの軸はシンプルで，「自分の仕事が目に見えるモノで残り，簡単にはなくならずに，多くの人に役立つこと」でした。そして絞り込んだのが，重工メーカーでした。中でも川崎重工は，学生である私と最も対等に，同じ目線で話をしてくれたので，ここなら自分らしく働けるに違いないと思い志望しました。女性の就職先としてどうかという視点では，ほぼ考えませんでした。確かに重工メーカーは女性社員が少なく，男っぽいイメージがありましたが，学生時代に運動部のマネージャーをしていた私にしてみれば，男性が多いからどうだとか，女性だからこの業界はどうだとか，そういった考え方はまったくなかったので，特別な勇気も違和感もなく，自然に川崎重工を選びました。

現在の仕事内容▶車両の製造に必要な部材を調達しています。

入社以来，車両の資材調達の仕事をしています。入社してまず担当したのは，空制艤装部品と呼ばれるもので，ガラスやカーテン，ドアエンジン，ブレーキユニットなど。続いて，主に台車部分に用いられる機械加工・厚板板金部品。そして現在は，アルミ形材，板，電線，化粧板など素材系の品物を担当しています。社内設計部門と社外取引先の間に入って橋渡し役を務めながら，コスト，納期，品質を管理するのが仕事です。業務では技術的な知識も求められるため，文系出身でありながらいろいろと勉強し，今ではすっかり設計図面も読めるようになりました。

この仕事のやりがいは，自分が調達した部材を乗せた車両が完成して世に出ていくところ。私は北海道出身なのですが，まさに帰郷する際に乗る車両が自分の携わった車両なので，非常に感慨深いです。

キャリアビジョン▶オンリーワン的人材になるのが目標です。

入社以来，資材調達の仕事をしていますが，できれば他の業務も経験してみたいと思っています。部署が変わると会社への貢献の仕方も変わってきます。車両づくりは数多くの人やモノ，技術で成り立っているので，様々な業務を経験しながら，多方面にわたる知識の習得に努め，その経験や知識を活かして，自分にしかできないアドバイスや提案，問題解決方法をアウトプットできる「オンリーワン的人材」になるのが目標です。

いつか子どもを持つ日が来るかもしれませんが，たとえそうしたライフステージの変化を迎えても，それを乗り越えて引き続きキャリアを積み重ねていく考えです。

学生へのメッセージ▶飛び込んできてください。

学業やアルバイトと就職活動の両立はたいへんだと思いますが，さまざまな業界の話は今の時期しか聞けないので，貴重な体験をすると思って頑張ってください。興味のない業界の話でも，聞いてみて損はないと思います。

川崎重工はまだまだ女性総合職は少ないものの，実際その中に身を置いてみると特に不満に思うことはないので，ぜひ飛び込んできてもらえればと思います。若いうちから仕事を任せてもらえる風土があり，早くから働く楽しさや厳しさ，責任を持つことの重要さを教えてくれる会社なので，一緒に頑張りましょう。

✔ 募集要項

掲載している情報は過去ものです。
最新の情報は各企業のHP等を確認してください。

応募資格	2024年3月に四年制大学・大学院を卒業（修了）見込みの方。 2024年3月に高等専門学校を卒業見込みの方。 2021年3月以降に四年制大学・大学院・高等専門学校を卒業（修了）し、職務経験のない方。 ※社会人経験がある方については、キャリア採用扱いとなりますので、キャリア採用選考にご応募ください。
募集学部・学科	【技術系】機械、電気、電子、制御、情報、航空、造船、土木、化工、金属・材料、経営工学ほか 【事務系】法、経済、経営、商、社会、文、外国語ほか
募集職種	【技術系】研究、開発、設計、生産技術、工作、品質保証、情報システムなど 【事務系】企画、管理、法務、営業、経理、財務、資材、総務、人事など
初任給	高専卒：月給220,000円　大学卒：月給240,000円 修士了：月給261,400円　博士了：月給324,840円 ※2023年4月実績
諸手当	時間外手当，通勤交通費など
昇給・賞与	昇給：年1回（4月） 賞与：年4回（4月・7月・10月・12月）
勤務時間	本社・支社：8:30〜17:30　※フレックス制度あり 工場：8:00〜17:00
休日休暇	完全週休2日制（土・日曜日）、祝日、年末年始・夏季休暇など年間休日約120日、年次有給休暇（初年度22日）、慶弔休暇、育児・介護休業（最長3年）、リフレッシュ休暇など
福利厚生	保険：雇用・労災・健康・厚生年金保険完備 施設：独身寮、社宅、保養所、診療所、グラウンド 制度：育児休業、介護休業、財形貯蓄、住宅資金融資、従業員持株制度、 カフェテリアプラン（年間約10万円相当の補助）、 自社製品割引販売（バイク、ジェットスキー®）など

✔ 採用の流れ （出典：東洋経済新報社『就職四季報』）

エントリーの時期	【総・技】3月～6月
採用プロセス	【総】Web選考（ES・Webテスト）→1次面接（GD）→2次面接→社員面談→最終面談→内々定 【技】1次選考（ES・Webテスト）→2次選考（専門試験・GD）→最終選考（個人面談）→内々定
採用実績数	（下表参照）
採用実績校	（下記参照）

採用実績数

	大卒男	大卒女	修士男	修士女
2022年	43 (文：28 理：15)	20 (文：19 理：1)	168 (文：2 理：166)	11 (文：0 理：11)
2023年	47 (文：32 理：15)	19 (文：18 理：1)	203 (文：1 理：202)	4 (文：0 理：4)

※2024年：事務系55名，技術系250名採用予定

採用実績校

【文系】
関西外国語大学，神戸大学，早稲田大学，同志社大学，大阪公立大学，北海道大学，立命館大学，京都大学，名古屋大学，慶應義塾大学，中央大学，学習院大学，九州大学，大阪大学，関西大学，明治大学，青山学院大学，長崎大学，法政大学，一橋大学　他

【理系】
九州大学，兵庫県立大学，徳島大学，大阪公立大学，大阪大学，岐阜大学，神戸大学，岡山大学，芝浦工業大学，京都工芸繊維大学，東北大学，名古屋工業大学，愛媛大学，関西大学，岩手大学，静岡大学，立命館大学，広島大学，京都大学，九州工業大学　他

✔2023年の重要ニュース <small>(出典：日本経済新聞)</small>

■川崎重工、ほぼ水素燃料の船舶エンジン　24年度に実証（1/17）

　川崎重工業は、ほぼ水素のみを燃料とする船舶向け推進用エンジンを開発する。2023年度にジャパンエンジンコーポレーションの本社工場（兵庫県明石市）で実証設備をつくる。24年度に実験を始め、27年度には船舶に搭載する計画だ。造船業界で脱炭素に向けた技術開発が進む中、燃料のほとんどを水素でまかなう大型の推進用エンジンの開発は世界で初という。

　新エネルギー・産業技術総合開発機構（NEDO）の支援を受け、ヤンマーパワーテクノロジー（大阪市）なども参画する。エンジンの起動時には通常の船舶用エンジンと同じ低硫黄重油を使うが、航行時は水素のみを燃料とするエンジンを開発する。低速・中速・中高速のエンジンと、水素をエンジンに供給するシステムの実証実験を進める。

　実証設備には水素エンジンのほか、水素の貯蔵タンクや配管などシステム全体を設置する。24年度から貯蔵から燃焼に至る工程を試験する。27年度には川崎重工が開発中の大型の液化水素運搬船に搭載する方針だ。将来的には石炭や自動車などを運ぶ近海船、内航船にも導入を広げる計画だ。

　分子量が小さい水素は、ガス漏れを起こしやすい。着火に必要なエネルギーが小さく燃焼速度も速いため、燃焼のコントロールも難しい。川崎重工は天然ガスを燃焼させる発電用のガスエンジンで全体の3割まで水素を混合して燃焼できる技術を開発済みで、培った水素技術を応用する。

　国際海事機関（IMO）は船舶が排出する温暖化ガスを50年までに08年比で50%以上削減する目標を掲げている。国内の造船業界ではツネイシクラフト＆ファシリティーズ（広島県尾道市）がベルギー海運大手のCMBと業務提携し、水素と軽油の混焼エンジンで動く世界初の旅客船を開発している。

■川崎重工業が水素圧縮機に参入　FCV充塡用、海外も視野（3/8）

　川崎重工業は水素ステーションの基幹装置の販売事業に参入する。主要な設備の一つで、燃料電池車（FCV）への充塡に必要な水素を圧縮する機器の販売を始める。装置の構造を工夫して、運営コストを抑えた。海外での販売も検討しており、2030年度に売上高数十億円を目指す。

　24年3月期中に気体の水素を高圧に圧縮する「水素圧縮機」の生産・販売を

始める。製鉄機械などで培った油圧制御の技術を応用し、水素を効率的に圧縮する技術を開発した。装置の構造を工夫し、運営費を抑えられるようにして競争力を高めた。

　水素ステーションは国内に約170基あり、政府は30年までに1000基程度に増やす計画を掲げている。水素ステーションの建設費は1基4億円かかるとも言われ、建設コストや維持費が普及の足かせとなっていた。

　水素圧縮機はコンプレッサーを手がける加地テックなどの競合が先行する。川崎重工は装置の維持費の削減などで需要を取り込めると判断、30年度に国内でシェア2～3割の獲得を目指す。日本より普及が進む海外でも販売する方向で、欧米や中国、韓国などが候補になるとみられる。

　同社は液化水素運搬船を開発するなど水素事業を強化している。30年度には水素関連事業で4000億円の売上高を目標に掲げている。

■川崎重工、防衛事業の売上高を3倍の7000億円へ　30年度（12/12）

　川崎重工業は12日、防衛事業での売上高を2030年度までに5000億～7000億円とする計画を発表した。最大で22年度の約3倍になる。同事業の事業利益率は足元の5％未満から27年度に10％以上にする計画だ。政府の防衛予算の拡大を受けて成長を見込む。

　同日開いた長期経営計画「グループビジョン2030」の進捗説明会で明らかにした。政府の防衛費の増額を契機に受注が拡大している。相手と離れた位置から反撃する「スタンドオフ防衛能力」に使うミサイル用のエンジンなどで引き合いがあるとみている。防衛関連製品の海外市場での販路拡大も目指す。

　説明会では他の事業でも新たな目標を説明した。30年度までにロボット事業の売上高を23年度比4倍の4000億円とする。半導体製造装置の市況が回復し、ロボットは24年から成長を見込む。他にも医療用ロボットなどを拡大する。

　水素事業では26年度に1300億円とみていた売上高を1400億円に上方修正した。液化水素運搬船などの商用化の実証試験が進行している。30年度の4000億円の目標は維持した。

　全社の事業利益率は、足元の5％未満（22年度）から30年度までに10％超に引き上げる目標を示した。

✔2022年の重要ニュース （出典：日本経済新聞）

■川崎重工、神戸でPCR無料検査　ロボで大量処理（2/2）

　川崎重工業は神戸本社（神戸市）で新型コロナウイルスの無料PCR検査サービスを始めた。感染に不安のある無症状者を対象に唾液を採取し、同社の神戸工場（同市）に設置した自動ロボットシステムで検査を実施する。無料検査を進めている自治体との連携事業の一環で、兵庫県民が対象。

　検査は午前10時から午後4時までで、1日最大200件を受け付ける。利用者は専用のウェブサイトから予約し、結果は2日以内に確認できる。

　検査システムは半導体製造などで使われる産業用ロボットを活用したもので、検査機器大手のシスメックスなどと共同で開発した。16時間で最大2500件の検査が可能で、これまでに関西国際空港などに設置した実績がある。

■東京・羽田にロボット拠点　無人レストランも（4/20）

　川崎重工業は20日、羽田空港近くの複合施設「羽田イノベーションシティ」に、自社のロボットを実証するスペース「フューチャーラボ　ハネダ」を開いた。一般客が利用できるロボットレストランも設けた。

　レストランは、産業用ロボットがレトルト食品を湯煎したり、電子レンジで加熱したりする。利用客はスマホでQRコードを読み取り注文すると、自走ロボットが約10分で料理を提供する。

　メニューはカレーライスなど3種類で各1500円。レストランは222平方メートルの広さがある。レストランはオフィスと隣接し、利用者の声が直接届く。ロボットの改善などに生かすことができるという。

　川崎重工業は産業用ロボットを日本で初めて開発した。人がいる空間で利用する協働ロボットなど幅広いラインアップを持つ。実証スペースを設けることで、企業や大学が自由にロボットを使った実験に取り組むことができるようにする。

　川崎重工はサービス業や飲食業で使われるロボットに力を入れる。1000億円程度のロボット事業の売上高を、2030年に4000億円に引き上げたい考え。開業イベントに出席した橋本康彦社長は「社会の課題を解決する上で、ロボットはその鍵となる」と話した。

■川崎重工、沖縄でアンモニア発電の実証実験へ（6/21）

　川崎重工業は2026年3月期、沖縄電力の具志川火力発電所（沖縄県うるま市）で、アンモニアを石炭にまぜて燃やすアンモニア発電の実証実験を始める。同発

電は石炭火力発電の代替として期待されている。事業化に向け、燃焼度合いや安全性などを確認する。

　川崎重工は同発電所の1号機（出力15万6000キロワット）にバーナーやボイラー、貯留タンクなどを納入する。実証実験に向け、23年3月期に沖縄電力などと導入コストなど事業化を見据えた調査をする。

　燃焼に使うアンモニアを県外から輸送するには荷揚げ基地などが必要で、沖縄は難しい面がある。そのためアンモニア製造技術を持つ東京工業大学発スタートアップのつばめBHB（東京・中央）が沖縄県内でアンモニアを製造する。

　アンモニア発電は、IHIが一般家庭にも供給する大きな規模で実証実験をしており、技術競争が激しくなってきた。

　川崎重工は世界初の大型水素運搬船を開発するなど、水素の利用拡大に向けて事業を広げてきた。水素の燃焼は有害物質の排出などを抑えながら燃やす技術が必要で、アンモニアにも応用できるという。セ氏マイナス33度に冷却した液化アンモニアを大量輸送する運搬船の事業も21年に始めている。

■川崎重工の4〜6月、純利益52%減、ボーイング納入できず（8/12）

　川崎重工業が12日発表した2022年4〜6月期の連結決算（国際会計基準）は、純利益が前年同期に比べて52%減の54億円だった。米航空機大手ボーイングが品質問題で中型機「787」の出荷を止めていた影響で、部品を納入できなかったことが響いた。原材料や物流費の高騰も利益を押し下げた。

　ほかの重工大手を含めて業績の明暗が分かれた。IHIの純利益（同）は40%減の84億円だった。前年同期に200億円超の資産売却益を計上した反動が出た。航空機用エンジンのスペアパーツの販売が回復したほか、原子力事業の工事が進んだこともあり、大幅な減益ながら黒字は確保した。

　三菱重工業の純利益（同）は52%増の191億円だった。市場が縮む石炭火力事業で欧州拠点のリストラを進めた費用がかさんだことなどで、本業のもうけを示す事業利益は減ったものの、円安の進行による為替差益が寄与した。

　川崎重工は12日、23年3月期の連結純利益が前期の2.5倍になる320億円になる見通しだと発表した。従来予想から30億円上方修正した。想定為替レートを1ドル＝120円から125円と、円安方向に見直したため。年間配当は50円と従来予想を据え置くが、中間配当は30円と従来より5円増やし、期末配当は20円と5円減らす。ボーイングがこのほど787の出荷を再開した。川崎重工は自社の業績への影響について「下期以降に回復する」（山本克也副社長）との見方を示した。

✔2021年の重要ニュース <small>(出典：日本経済新聞)</small>

■川崎重工と日立造船、掘削機事業で統合　10月に新会社 (1/27)

　川崎重工業と日立造船は27日、地中にトンネルを掘る掘削機事業で、設計・営業部門を統合することで合意したと発表した。2021年10月をめどに折半出資で共同出資会社を設立する。東京五輪向けのインフラ投資が一巡しており、国内需要は頭打ちだ。インドや東南アジアでは中国勢が低価格を武器に攻勢をかけており、事業統合で競争力を高める。

　円形の刃を回転させて地中深くにトンネルを掘るシールド掘削機事業を統合する。生産拠点は両社に残す方向で調整している。売上高は単純合計で100億～200億円程度になるとみられる。国内2～3位の両社が統合し、トップのJIMテクノロジーを追いかける構図だ。JIMは16年、IHIとJFEエンジニアリング、三菱重工業が事業統合して発足した。

■川崎重工業、愛知でPCR検査ロボサービス初導入 (2/4)

　川崎重工業は4日、同社の自動PCR検査ロボットを活用したサービスの提供を藤田医科大学（愛知県豊明市）の構内で始めると発表した。同サービスの第1弾となる。実証を経て2月中旬にも始める。

　藤田医科大学で採取した検体を検査し、最終的な結果は同大学が判定する。検査時間は1検体当たり80分以内で、16時間稼働させれば1日最大2500検体を検査できる。藤田医科大が処理できる検体数は、これまでの分とあわせて2.7倍の4000検体に増える。

　両者は川崎重工などが開発する手術支援ロボットの運用でも連携している。

■アンモニア運搬船に参入　LPGと兼用可能 (5/31)

　川崎重工業は大量輸送に向く液化アンモニア運搬船に参入する。このほど液化石油ガス（LPG）とアンモニアを両方運べる兼用運搬船を開発した。アンモニアは燃やしても二酸化炭素（CO_2）が出ないことから燃料用としての需要増が見込まれる。従来型の燃料と混載可能な船舶の実用化で、海運会社などの早期導入を促す。

　アンモニアはこれまで化学肥料など工業向けの運搬が一般的だったが、「脱炭素」の潮流をうけ、水素を取り出す原料としての利用拡大が期待される。また、アンモニアそのものを燃料として利用する用途開発も進む。セ氏マイナス33度で液

化するため、水素よりも取り扱いが容易な面もある。

　川崎重工はこのほど、液化温度が比較的近いLPGの運搬船技術を活用して、LPGとアンモニアのどちらにも対応できる運搬船を実用化した。顧客である海運事業者から、従来から需要のあるLPGとあわせて運べる機能が欲しいとの声が多いことに対応した。今後は兼用船を標準仕様として売り出し、タンク容量が7万立方メートル以上の超大型タンカーの市場投入も進める計画だ。

　川崎重工は足元で世界初の液化水素運搬船に取り組んでおり、超低温で輸送する船舶の開発で先行する。まずはアンモニア運搬船の実用化で、脱炭素に向けた需要をつかむ狙い。

　政府は脱炭素実現に向けた「グリーン成長戦略」で、重点分野の一つにアンモニア燃料を定めており、30年に国内で年300万トン、50年に3000万トンのアンモニア消費を目指している。ジャパンマリンユナイテッド（JMU、横浜市）も日本郵船などと組みアンモニアを燃料とした液化アンモニア運搬船の研究開発を進めるが、実用化はまだ珍しい。

■初のESG債100億円　水素関連事業などに（6/15）

　川崎重工業は15日、資金使途を環境・社会の持続可能性に貢献する事業に特化した社債「サステナビリティボンド」を同社として初めて7月に発行すると発表した。年限は10年で発行額は100億円。調達した資金は同社が水素関連事業や自動PCR検査ロボットなどにあてる。

　主幹事はみずほ証券と野村証券、SMBC日興証券、三菱UFJモルガン・スタンレー証券の4社。川崎重工は造船やプラントなどに代わり、燃焼時に二酸化炭素（CO_2）を出さない水素関連事業に力を入れている。世界初の液化水素運搬船を開発しており、水素事業で2030年には3000億円の売上高を目指す。

　ほかにも産業ロボットの技術を活用し、新型コロナウイルスへの感染の有無を大量に調べられる自動PCR検査ロボットシステムも開発した。現在は空港や病院への導入を進めている。調達した資金はこうした脱炭素や検査ロボットの開発などに使う。

✔ 就活生情報

面接官も和やかな方が多いので，過度に緊張しない
ように気を付けましょう。自分の考えを理由込みで
しっかり伝えることを意識するといいです

技術系総合職 2020卒

エントリーシート
・形式：採用ホームページから記入
・内容：ガクチカ，志望業界，志望理由

セミナー
・選考とは無関係
・服装：リクルートスーツ
・内容：企業紹介

筆記試験
・形式：マークシート／Webテスト
・科目：数学，算数／国語，漢字／性格テスト／理工系専門試験

面接（個人・集団）
・雰囲気：和やか
・回数：2回
・質問内容：志望理由，ガクチカ，趣味，研究発表

内定
・拘束や指示：学校推薦だったため，推薦書の提出
・通知方法：電話
・タイミング：予定通り

● その他受験者からのアドバイス
・インターンシップに参加しておくといい。2月に入るまでのインターンシップに参加しておくと事前選考に参加できるのかもしれない
・筆記はある程度点数取る必要があるので，苦手な人は早めに情報収集して対策しておくといい。

冬の1DAYインターンに行くべきです

技術職 2020卒

エントリーシート

・形式：採用ホームページから記入

セミナー

・選考とは無関係
・服装：リクルートスーツ
・内容：企業紹介

筆記試験

・形式：マークシート
・課目：数学，算数／理工系専門試験
・内容：院試の簡単な問題レベル

面接（個人・集団）

・雰囲気：和やか
・回数：2回

内定

・拘束や指示：わからないことがあればマイページで質問してほしいといわれた
・通知方法：電話
・タイミング：予定通り

座談会に行き，自分の就職活動の軸と合うか確認することが大事です

技術系総合職 2020卒

エントリーシート

・形式：採用ホームページから記入
・内容：志望動機，今までで一番頑張ったこと，就職活動の経緯

セミナー

・選考とは無関係
・服装：リクルートスーツ
・内容：業界説明，企業紹介，社員座談会。カンパニーや専攻領域ごとにブースに分かれ，社員：学生＝１：30程度で質問

筆記試験

・形式：マークシート／Webテスト
・科目：数学，算数／理工系専門試験
・内容：SPIと機械系専門試験

面接（個人・集団）

・質問内容：志望理由，研究紹介，部活のこと，20年後のキャリアプラン，自分の強みと弱み，研究内容をホワイトボードと三色ペンで五分間発表

グループディスカッション

・アイスブレイク（自己紹介，仕事に対してのモチベーション）

内定

・拘束や指示：一週間以内に返答が必要
・通知方法：電話

● その他受験者からのアドバイス

・専門試験は選択式が主体

重工業界の研究に加え，志望カンパニーの競合他社のことも調べておくとよいです

事務系総合職 2020卒

エントリーシート
・形式：採用ホームページから記入
・内容：川崎重工の商材を用いて社会課題を解決してください，学生時代に力を入れたこと，自分の性格，会社を選ぶうえで大切にしていること，志望理由

セミナー
・選考とは無関係
・服装：リクルートスーツ
・内容：座談会，講演会など。Kawasaki Job Sessionに参加。合同説明会のような雰囲気で各カンパニーの社員と話せた

筆記試験
・形式：Webテスト
・科目：SPI（数学，算数／国語，漢字／性格テスト）

面接（個人・集団）
・回数：4回
・質問内容：リクルーター面談が2回，人事面接が2回。エントリーシートの深堀りが中心。自己紹介，志望動機，学生時代に力を入れたこと，困難だったことや失敗したこと，他社の選考状況，逆質問。人物重視

内定
・拘束や指示：内々定後に懇親会と工場見学会がある
・通知方法：電話
・タイミング：予定より早い

● その他受験者からのアドバイス
・通常のセミナー参加以外にOB訪問やカワサキワールドに行くことで志望度のアピールができる

推薦受験に関しては先輩や同期の情報を鵜呑みにせず，しっかり準備することが重要です

技術系総合職 2018卒

エントリーシート
・形式：採用ホームページから記入

セミナー
・選考とは無関係
・服装：リクルートスーツ

筆記試験
・形式：記述式／Webテスト
・科目：数学，算数／国語，漢字／性格テスト／理工系専門試験

面接（個人・集団）
・雰囲気：普通
・質問内容：一般的な面接内容，5分程度でホワイトボードを使った研究説明，午前の筆記試験に纏わる口頭試問（自己PR・志望動機・志望業種など）

内定
・通知方法：大学就職課

● その他受験者からのアドバイス
・筆記試験は広い範囲で出てくるため，経験を積んで初見問題を無くすことが高得点につながる
・面接はいつもの自分を出し大学の先生と話しているくらいの気持ちで臨む

技術職については，筆記試験対策はしっかりとやっておきましょう。早めに準備することが重要です

技術系総合職 2018卒

エントリーシート

・内容：学生生活で最も力を入れて取り組んだこと，志望理由，一番大事にしているもの，川崎重工が抱える一番の課題とその解決策

セミナー

・選考とは無関係
・服装：リクルートスーツ

筆記試験

・形式：マークシート／Webテスト
・科目：数学，算数／国語，漢字／理工系専門試験
・内容：WEBテストはテストセンター

面接（個人・集団）

・雰囲気：普通
・質問内容：担当者面談（筆記試験と同日に行う），10分程度，志望動機，逆質問

内定

・記載無し

● その他受験者からのアドバイス

・筆記試験は必須問題1問と選択問題3問で各大問25点
・必須問題は知識を問う問題，選択は計算問題が多かったです
・分野は物理化学や化学工学が多く，他には熱力学や電気化学でした

面接ではありのままの自分を出した方がいいと思います

総合職（技術電気）2017卒

エントリーシート

・形式：採用ホームページから記入
・内容：今までで一番力を入れたこと，就職活動の軸について，志望動機

セミナー

・選考とは無関係
・服装：リクルートスーツ
・内容：社員との座談会や逆質問，事業説明

筆記試験

・形式：マークシート／Webテスト
・科目：数学，算数／国語，漢字／性格テスト／理工系専門試験
・内容：Webテストは玉手箱（言語非言語性格）。専門試験は数学（必答）電気電子制御計算機（選択）

面接（個人・集団）

・雰囲気：和やか
・回数：1回
・質問内容：オーソドックスな質問ばかりだった

内定

・拘束や指示：特になし
・通知方法：大学就職課
・タイミング：予定通り

● その他受験者からのアドバイス

・よかった点は，面接官が優しく話しやすかった
・よくなかった点は，選考結果の通知が比較的遅い

同業他社を受けると企業研究をしやすいと思います

事務系 2017卒

エントリーシート
・形式：採用ホームページから記入
・内容：志望動機，ガクチカ，志望カンパニー１～３位選択

セミナー
・選考とは無関係
・服装：リクルートスーツ
・内容：カンパニーごとのブースによる座談会

筆記試験
・形式：Webテスト
・科目：数学，算数／国語，漢字／性格テスト。一般的なウェブテストで，合格基準は高めだと思う

面接（個人・集団）
・質問内容：学生時代力を入れたこと，他社状況，これまでの人生について，１番辛かった経験

内定
・通知方法：電話

● その他受験者からのアドバイス
・よかった点は，解禁後の選考フローが非常にはやい
・社員が非常に魅力的

勉強をきちんとし，文系特有の柔らかさを併せ持つ
と，受かりやすいかもしれません

総合部（航空） 2017卒

エントリーシート

・形式：採用ホームページから記入
・内容：今まで一番頑張ったこと，自分の個性を一言で表すと，個性を発揮した具体的なエピソード

セミナー

・選考とは無関係
・服装：リクルートスーツ
・内容：学内のみの説明会に参加。人事による企業説明後 ob にそれぞれ質問をする

筆記試験

・形式：マークシート／Web テスト
・科目：英語／数学，算数／理工系専門試験
・内容：筆記試験は，基本的な考え方を問われる。マークシート方式

面接（個人・集団）

・質問内容：ホワイトボードを使って研究内容の説明，学生時代にがんばったこと，自覚している性格，希望勤務地配属

内定

・拘束や指示：特になし
・通知方法：電話
・タイミング：予定より早い

● その他受験者からのアドバイス

・よかった点は，筆記試験を乗り越えればいきなり最終面接がある。また最終面接後即日で連絡をもらえた

本当にいきたい企業はOB訪問は積極的に行って下さい

総合職事務系 2017卒

エントリーシート
・形式：採用ホームページから記入

セミナー
・選考とは無関係

筆記試験
・記載無し

面接（個人・集団）
・雰囲気：和やか
・回数：2回

内定
・拘束や指示：特になし
・通知方法：電話
・タイミング：予定より早い

✔ 有価証券報告書の読み方

01 部分的に読み解くことからスタートしよう

「有価証券報告書（以下，有報）」という名前を聞いたことがある人も少なくはないだろう。しかし，実際に中身を見たことがある人は決して多くはないのではないだろうか。有報とは上場企業が年に1度作成する，企業内容に関する開示資料のことをいう。開示項目には決算情報や事業内容について，従業員の状況等について記載されており，誰でも自由に見ることができる。

　一般的に有報は，証券会社や銀行の職員，または投資家などがこれを読み込み，その後の戦略を立てるのに活用しているイメージだろう。その認識は間違いではないが，だからといって就活に役に立たないというわけではない。就活を有利に進める上で，お得な情報がふんだんに含まれているのだ。ではどの部分が役に立つのか，実際に解説していく。

■有価証券報告書の開示内容
　では実際に，有報の開示内容を見てみよう。

有価証券報告書の開示内容

第一部【企業情報】
　　第1　【企業の概況】
　　第2　【事業の状況】
　　第3　【設備の状況】
　　第4　【提出会社の状況】
　　第5　【経理の状況】
　　第6　【提出会社の株式事務の概要】
　　第7　【提出会社の状参考情報】
第二部【提出会社の保証会社等の情報】
　　第1　【保証会社情報】
　　第2　【保証会社以外の会社の情報】
　　第3　【指数等の情報】

有報は記載項目が統一されているため，どの会社に関しても同じ内容で書かれている。このうち就活において必要な情報が記載されているのは，第一部の第1【企業の概況】～第5【経理の状況】まで，それ以降は無視してしまってかまわない。

02 企業の概況の注目ポイント

第1【企業の概況】には役立つ情報が満載。そんな中，最初に注目したいのは，冒頭に記載されている【主要な経営指標等の推移】の表だ。

回次		第25期	第26期	第27期	第28期	第29期
決算年月		平成24年3月	平成25年3月	平成26年3月	平成27年3月	平成28年3月
営業収益	(百万円)	2,532,173	2,671,822	2,702,916	2,756,165	2,867,199
経常利益	(百万円)	272,182	317,487	332,518	361,977	428,902
親会社株主に帰属する当期純利益	(百万円)	108,737	175,384	199,939	180,397	245,309
包括利益	(百万円)	109,304	197,739	214,632	229,292	217,419
純資産額	(百万円)	1,890,633	2,048,192	2,199,357	2,304,976	2,462,537
総資産額	(百万円)	7,060,409	7,223,204	7,428,303	7,605,690	7,789,762
1株当たり純資産額	(円)	4,738.51	5,135.76	5,529.40	5,818.19	6,232.40
1株当たり当期純利益	(円)	274.89	443.70	506.77	458.95	625.82
潜在株式調整後1株当たり当期純利益	(円)	—	—	—	—	—
自己資本比率	(%)	26.5	28.1	29.4	30.1	31.4
自己資本利益率	(%)	5.9	9.0	9.5	8.1	10.4
株価収益率	(倍)	19.0	17.4	15.0	21.0	15.5
営業活動によるキャッシュ・フロー	(百万円)	558,650	588,529	562,763	622,762	673,109
投資活動によるキャッシュ・フロー	(百万円)	△370,684	△465,951	△474,697	△476,844	△499,575
財務活動によるキャッシュ・フロー	(百万円)	△152,428	△101,151	△91,367	△86,636	△110,265
現金及び現金同等物の期末残高	(百万円)	167,525	189,262	186,057	245,170	307,809
従業員数[ほか，臨時従業員数]	(人)	71,729 [27,746]	73,017 [27,312]	73,551 [27,736]	73,329 [27,313]	73,053 [26,147]

見慣れない単語が続くが，そう難しく考える必要はない。特に注意してほしいのが，**営業収益**，**経常利益**の二つ。営業収益とはいわゆる**総売上額**のことであり，これが企業の本業を指す。その営業収益から営業費用（営業費（販売費＋一般管理費）＋売上原価）を差し引いたものが**営業利益**となる。会社の業種はなんであれ，モノを顧客に販売した合計値が営業収益であり，その営業収益から人件費や家賃，広告宣伝費などを差し引いたものが営業利益と覚えておこう。対して経常利益は営業利益から本業以外の損益を差し引いたもの。いわゆる金利による収益や不動産収入などがこれにあたり，本業以外でその会社がどの程度の力をもっているかをはかる絶好の指標となる。

■**会社のアウトラインを知れる情報が続く。**

　この主要な経営指標の推移の表につづいて,「会社の沿革」,「事業の内容」,「関係会社の状況」「従業員の状況」などが記載されている。自分が試験を受ける企業のことを,より深く知っておくにこしたことはない。会社がどのように発展してきたのか,主としている事業はどのようなものがあるのか,従業員数や平均年齢はどれくらいなのか,志望動機などを作成する際に役立ててほしい。

03 事業の状況の注目ポイント

　第2となる【事業の状況】において,最重要となるのは**業績等の概要**といえる。ここでは1年間における収益の増減の理由が文章で記載されている。「○○という商品が好調に推移したため,売上高は△△になりました」といった情報が,比較的易しい文章で書かれている。もちろん,損失が出た場合に関しても包み隠さず記載してあるので,その会社の1年間の動向を知るための格好の資料となる。

　また,業績については各事業ごとに細かく別れて記載してある。例えば鉄道会社ならば,①運輸業,②駅スペース活用事業,③ショッピング・オフィス事業,④その他といった具合だ。**どのサービス・商品がどの程度の売上を出したのか**,会社の持つ展望として,今後**どの事業をより活性化**していくつもりなのか,などを意識しながら読み進めるとよいだろう。

■**「対処すべき課題」と「事業等のリスク」**

　業績等の概要と同様に重要となるのが,「**対処すべき課題**」と「**事業等のリスク**」の2項目といえる。ここで読み解きたいのは,その会社の**今後の伸びしろ**について。いま,会社はどのような状況にあって,どのような課題を抱えているのか。また,その課題に対して取られている対策の具体的な内容などから経営方針などを読み解くことができる。リスクに関しては法改正や安全面,他の企業の参入状況など,会社にとって決してプラスとは言えない情報もつつみ隠さず記載してある。客観的にその会社を再評価する意味でも,ぜひ目を通していただきたい。

　次代を担う就活生にとって,ここの情報はアピールポイントとして組み立てやすい。「新事業の○○の発展に際して……」,「御社が抱える●●というリスクに対して……」などという発言を面接時にできれば,面接官の心証も変わってくるはずだ。

　最後に注目したいのが，第5【経理の状況】だ。ここでは，簡単にいえば【主要な経営指標等の推移】の表をより細分化した表が多く記載されている。ここの情報をすべて理解するのは，簿記の知識がないと難しい。しかし，そういった知識があまりなくても，読み解ける情報は数多くある。例えば**損益計算書**などがそれに当たる。

連結損益計算書

(単位：百万円)

	前連結会計年度 (自 平成26年4月1日 至 平成27年3月31日)	当連結会計年度 (自 平成27年4月1日 至 平成28年3月31日)
営業収益	2,756,165	2,867,199
営業費		
運輸業等営業費及び売上原価	1,806,181	1,841,025
販売費及び一般管理費	※1 522,462	※1 538,352
営業費合計	2,328,643	2,379,378
営業利益	427,521	487,821
営業外収益		
受取利息	152	214
受取配当金	3,602	3,703
物品売却益	1,438	998
受取保険金及び配当金	8,203	10,067
持分法による投資利益	3,134	2,565
雑収入	4,326	4,067
営業外収益合計	20,858	21,616
営業外費用		
支払利息	81,961	76,332
物品売却損	350	294
雑支出	4,090	3,908
営業外費用合計	86,403	80,535
経常利益	361,977	428,902
特別利益		
固定資産売却益	※4 1,211	※4 838
工事負担金等受入額	※5 59,205	※5 24,487
投資有価証券売却益	1,269	4,473
その他	5,016	6,921
特別利益合計	66,703	36,721
特別損失		
固定資産売却損	※6 2,088	※6 1,102
固定資産除却損	※7 3,957	※7 5,105
工事負担金等圧縮額	※8 54,250	※8 18,346
減損損失	※9 12,738	※9 12,297
耐震補強重点対策関連費用	8,906	10,288
災害損失引当金繰入額	1,306	25,085
その他	30,128	8,537
特別損失合計	113,379	80,763
税金等調整前当期純利益	315,300	384,860
法人税、住民税及び事業税	107,540	128,972
法人税等調整額	26,202	9,326
法人税等合計	133,742	138,298
当期純利益	181,558	246,561
非支配株主に帰属する当期純利益	1,160	1,251
親会社株主に帰属する当期純利益	180,397	245,309

　主要な経営指標等の推移で記載されていた**経常利益**の算出する上で必要な営業外収益などについて，詳細に記載されているので，一度目を通しておこう。

　いよいよ次ページからは実際の有報が記載されている。ここで得た情報をもとに有報を確実に読み解き，就職活動を有利に進めよう。

✔ 有価証券報告書

企業の概況

1　主要な経営指標等の推移

（1）　連結経営指標等 ···

回次		国際会計基準		
		移行日	2021年度	2022年度
決算年月		2021年 4月1日	2022年3月	2023年3月
売上収益	（百万円）	－	1,500,879	1,725,609
事業利益	（百万円）	－	30,366	82,355
税引前利益	（百万円）	－	27,670	70,349
親会社の所有者に帰属 する当期利益	（百万円）	－	12,638	53,029
親会社の所有者に帰属 する当期包括利益	（百万円）	－	47,186	78,785
親会社の所有者に帰属 する持分	（百万円）	462,146	505,484	576,201
総資産額	（百万円）	2,090,679	2,174,630	2,457,725
1株当たり親会社 所有者帰属持分	（円）	2,766.64	3,018.31	3,440.39
基本的1株当たり 当期利益	（円）	－	75.51	316.63
親会社所有者帰属持分 比率	（％）	22.1	23.2	23.4
親会社所有者帰属持分 利益率	（％）	－	2.6	9.8
株価収益率	（倍）	－	29.5	9.1
営業活動による キャッシュ・フロー	（百万円）	－	156,890	23,617
投資活動による キャッシュ・フロー	（百万円）	－	△58,396	△77,457
財務活動による キャッシュ・フロー	（百万円）	－	△108,904	85,305
現金及び現金同等物 の期末残高	（百万円）	122,166	108,511	138,420
従業員数	（名）	36,691	36,587	38,254

（注）1．2022年度より国際会計基準（以下「IFRS」という。）に基づいて連結財務諸表を作成しています。

　　　2．希薄化後1株当たり当期利益については，潜在株式が存在しないため記載していません。

(point) 主要な経営指標等の推移

　数年分の経営指標の推移がコンパクトにまとめられている。見るべき箇所は連結の売上，利益，株主資本比率の3つ。売上と利益は順調に右肩上がりに伸びているか，逆に利益で赤字が続いていたりしないかをチェックする。株主資本比率が高いとリーマンショックなど景気が悪化したときなどでも経営が傾かないという安心感がある。

回次		日本基準				
		2018年度	2019年度	2020年度	2021年度	2022年度
決算年月		2019年3月	2020年3月	2021年3月	2022年3月	2023年3月
売上高	（百万円）	1,594,743	1,641,335	1,488,486	1,500,879	1,725,609
経常利益又は経常損失（△）	（百万円）	37,861	40,429	△2,855	29,934	80,346
親会社株主に帰属する当期純利益又は親会社株主に帰属する当期純損失（△）	（百万円）	27,453	18,662	△19,332	21,801	61,340
包括利益	（百万円）	23,183	△3,049	12,848	59,880	90,331
純資産額	（百万円）	492,261	471,562	482,775	498,522	580,665
総資産額	（百万円）	1,838,855	1,957,845	1,963,276	2,022,748	2,221,255
1株当たり純資産額	（円）	2,851.84	2,727.59	2,785.71	2,861.25	3,343.61
1株当たり当期純利益又は1株当たり当期純損失（△）	（円）	164.34	111.72	△115.73	130.26	366.26
自己資本比率	（％）	25.9	23.3	23.7	23.7	25.2
自己資本利益率	（％）	5.8	4.0		4.6	11.8
株価収益率	（倍）	16.6	14.0	－	17.1	7.9
営業活動によるキャッシュ・フロー	（百万円）	109,762	△15,461	34,601	144,430	97,022
投資活動によるキャッシュ・フロー	（百万円）	△85,344	△69,401	△37,392	△52,537	△72,909
財務活動によるキャッシュ・フロー	（百万円）	△19,771	115,803	23,093	△102,345	7,352
現金及び現金同等物の期末残高	（百万円）	68,311	102,546	122,166	108,511	138,420
従業員数	（名）	35,691	36,332	36,691	36,587	38,254

（注）1. 2022年度の諸数値については，金融商品取引法第193条の2第1項の規定に基づく監査を受けていません。

2. 潜在株式調整後1株当たり当期純利益については，潜在株式が存在しないため記載していません。

3. 2021年3月期の自己資本利益率及び株価収益率については，親会社株主に帰属する当期純損失が計上されているため記載していません。

4. 2021年3月期に，従来，決算日が12月31日であった連結子会社6社の決算日を3月31日に変更又は連結決算日に仮決算を行う方法に変更しました。これにより，2021年3月期は連結子会社6社の決算対象期間が15ヶ月（2020年1月～2021年3月）となる変則決算となっています。

5. 「収益認識に関する会計基準」（企業会計基準第29号2020年3月31日）等を2022年3月期の期首から適用しており，2022年3月期以降に係る主要な経営指標等については，当該会計基準等を適用した後の指標等となっています。

（2） 提出会社の経営指標等 ·······························

回次		2018年度	2019年度	2020年度	2021年度	2022年度
決算年月		2019年3月	2020年3月	2021年3月	2022年3月	2023年3月
売上高	（百万円）	1,195,164	1,250,354	1,098,661	892,203	791,099
経常利益又は経常損失（△）	（百万円）	9,524	17,141	△35,544	9,578	2,970
当期純利益又は当期純損失（△）	（百万円）	15,097	10,822	△35,788	21,269	11,998
資本金	（百万円）	104,484	104,484	104,484	104,484	104,484
発行済株式総数	（千株）	167,080	167,080	167,080	167,921	167,921
純資産額	（百万円）	325,548	323,836	287,749	266,870	272,022
総資産額	（百万円）	1,499,677	1,609,205	1,630,571	1,471,397	1,522,841
1株当たり純資産額	（円）	1,948.86	1,938.63	1,722.61	1,593.52	1,624.19
1株当たり配当額（1株当たり中間配当額）	（円）	70.0 (35.0)	35.0 (35.0)	— (—)	40.0 (20.0)	90.0 (30.0)
1株当たり当期純利益又は1株当たり当期純損失（△）	（円）	90.37	64.78	△214.24	127.08	71.63
自己資本比率	（％）	21.7	20.1	17.6	18.1	17.9
自己資本利益率	（％）	4.7	3.3	—	7.7	4.5
株価収益率	（倍）	30.2	24.2	—	17.5	40.4
配当性向	（％）	77.5	54.0	—	31.5	125.6
従業員数	（名）	16,899	17,218	17,397	13,381	13,662
株主総利回り（比較指標：配当込みTOPIX）	（％）	81.4 (95.0)	48.7 (85.9)	82.8 (122.1)	68.9 (124.6)	91.0 (131.8)
最高株価	（円）	3,840	2,880	2,861	2,840	3,285
最低株価	（円）	2,198	1,347	1,231	1,888	2,027

（注） 1. 潜在株式調整後1株当たり当期純利益については，潜在株式が存在しないため記載していません。

2. 最高株価及び最低株価は，2022年4月3日以前は東京証券取引所市場第一部におけるものであり，2022年4月4日以降は東京証券取引所プライム市場におけるものです。

3. 2021年3月期の自己資本利益率，株価収益率及び配当性向については，当期純損失が計上されているため記載していません。

4. 「収益認識に関する会計基準」（企業会計基準第29号 2020年3月31日）等を2022年3月期の期首から適用しており，2022年3月期以降に係る主要な経営指標等については，当該会計基準等を適用した後の指標等となっています。

5. 2021年10月1日付で当社の車両事業及びモーターサイクル＆エンジン事業（現・パワースポーツ＆エンジン事業）を会社分割の方法により川崎車両株式会社及びカワサキモータース株式会社へ承継させたことに伴い，2022年3月期第3四半期より両事業の数値は含まれていません。

(point) 沿革

どのように創業したかという経緯から現在までの会社の歴史を年表で知ることができる。過去に行った重要なM&Aなどがいつ行われたのか，ブランド名はいつから使われているのか，いつ頃から海外進出を始めたのか，など確認することができて便利だ。

1878年4月	・川崎正蔵，東京築地南飯田町の官有地を借用し，川崎築地造船所を創業
1881年3月	・川崎正蔵，兵庫東出町に川崎兵庫造船所を開設
1886年5月	・川崎正蔵，官営兵庫造船所（東川崎町）を借り受け，川崎兵庫造船所を併合，川崎造船所と商号変更
1896年10月	・株式会社川崎造船所を設立，松方幸次郎が初代社長に就任
1906年9月	・兵庫工場を開設
1919年4月	・川崎汽船株式会社を設立
1922年12月	・岐阜工場を開設
1928年5月	・鉄道車両事業を分離し，川崎車輛株式会社を設立
1937年11月	・航空機事業を分離し，川崎航空機工業株式会社を設立
1939年12月	・社名を川崎重工業株式会社と商号変更
1940年9月	・明石工場（川崎航空機工業株式会社）を開設
1950年8月	・製鉄事業を分離し，川崎製鐵株式会社を設立
1966年1月	・加古川工場を開設
1966年3月	・American Kawasaki Motorcycle Corp.(現・連結子会社 Kawasaki Motors Corp., U.S.A.) を設立
1966年11月	・横山工業株式会社を合併
1967年1月	・坂出工場を開設
1968年8月	・西神戸工場を開設
1969年4月	・川崎航空機工業株式会社及び川崎車輛株式会社を合併
1971年4月	・播磨工場を開設
1972年4月	・汽車製造株式会社を合併
1979年12月	・飛島分工場を開設（現・名古屋第二工場）
1981年12月	・Kawasaki Motors Manufacturing Corp., U.S.A.（連結子会社）を設立
1984年6月	・空調・汎用ボイラ事業を分離し，川重冷熱工業株式会社（連結子会社）に承継
1989年2月	・Kawasaki Rail Car, Inc.（連結子会社）を設立
1990年3月	・西神工場を開設
1992年12月	・名古屋第一工場を開設
2002年10月	・船舶事業を分離し，株式会社川崎造船（連結子会社）を設立 ・精密機械事業を分離し，株式会社カワサキプレシジョンマシナリ（連結子会社）に承継

2005年4月	・プラント事業を分離し，カワサキプラントシステムズ株式会社（連結子会社）に承継 ・破砕機事業を分離し，株式会社アーステクニカ（持分法適用関連会社）に承継
2006年10月	・環境プラント事業を分離し，カワサキ環境エンジニアリング株式会社（連結子会社）に承継
2007年4月	・カワサキ環境エンジニアリング株式会社が，カワサキプラントシステムズ株式会社を合併し，カワサキプラントシステムズ株式会社（連結子会社）に商号変更
2008年4月	・株式会社アーステクニカを連結子会社化
2009年4月	・建設機械事業を分離し，株式会社KCM（連結子会社）に承継
2010年10月	・株式会社川崎造船，株式会社カワサキプレシジョンマシナリ及びカワサキプラントシステムズ株式会社を合併
2015年10月	・株式会社KCMの全株式を日立建機株式会社に譲渡
2021年8月	・川重冷熱工業株式会社（連結子会社）を株式交換により完全子会社化
2021年10月	・車両事業を分離し，川崎車両株式会社（連結子会社）に承継 モーターサイクル＆エンジン事業を分離し，カワサキモータース株式会社（連結子会社）に承継

3 事業の内容

　当社グループは，当社（提出会社），子会社127社及び関連会社（共同支配企業を含む）27社により構成されており，当社を中心として航空宇宙システム事業，車両事業，エネルギーソリューション＆マリン事業，精密機械・ロボット事業，パワースポーツ＆エンジン事業及びその他事業を営んでいます。これらの6事業区分はセグメント情報の報告セグメントの区分と同一です。

　なお，当連結会計年度より当社グループの事業戦略と整合性をとることを目的に，従来「モーターサイクル＆エンジン」としていた報告セグメントの名称を「パワースポーツ＆エンジン」に変更しています。

　当社グループの主な事業内容と当社及び主要関係会社の位置づけを概説すれば，以下のとおりです。

[主な事業内容]
　航空宇宙システム事業

(point) **事業の内容**

　会社の事業がどのようにセグメント分けされているか，そして各セグメントではどのようなビジネスを行っているかなどの説明がある。また最後に事業の系統図が載せてあり，本社，取引先，国内外子会社の製品・サービスや部品の流れが分かる。ただセグメントが多いコングロマリットをすぐに理解するのは簡単ではない。

航空機，航空機用エンジン等の製造・販売

車両事業

鉄道車両，除雪機械等の製造・販売

エネルギーソリューション＆マリン事業

エネルギー関連機器・システム，舶用推進関連機器・システム，プラント関連機器・システム，船舶等の製造・販売

精密機械・ロボット事業

油圧機器，産業用ロボット等の製造・販売

モーターサイクル＆エンジン事業

二輪車, オフロード四輪車(SxS, ATV), パーソナルウォータークラフト(PWC)「ジェットスキー」，汎用ガソリンエンジン等の製造・販売

その他事業

商業，販売・受注の仲介・斡旋，福利施設の管理等

［当社及び主要関係会社の位置づけ］

航空宇宙システム事業

当社で製造・販売を行っているほか，日本飛行機（株）（連結子会社）が独自に製造・販売並びに製造の一部分担を行っています。

車両事業

川崎車両（株）（連結子会社）で製造・販売を行っているほか，海外向け鉄道車両についてはKawasaki Rail Car,Inc.（連結子会社）が一部の製造・販売を，Kawasaki Motors Manufacturing Corp., U.S.A.（連結子会社）が一部の製造を行っています。

エネルギーソリューション＆マリン事業

当社で製造・販売を行っているほか，川重冷熱工業（株）（連結子会社）がボイラ及び空調機器の製造・販売を独自に行い，（株）カワサキマシンシステムズ（連結子会社）が産業用ガスタービンの販売を,（株）アーステクニカ（連結子会社）が破砕機等の製造・販売を，安徽海螺川崎工程有限公司（持分法適用関連会社）他が産業機械，環境装置等の製造・販売を，南通中遠海運川崎船舶工程有限公司，大連中遠海運川崎船舶工程有限公司（いずれも持

分法適用関連会社）が独自に船舶の製造・販売を行っています。

精密機械・ロボット事業

　当社で製造・販売を行っているほか，Flutek,Ltd.（連結子会社）他が油圧機器の製造・販売を，川崎精密機械（蘇州）有限公司（連結子会社）他が製造を，川崎精密機械商貿（上海）有限公司（連結子会社）他が販売を独自に行っています。また，Kawasaki Robotics（USA）Inc.，川崎機器人（昆山）有限公司，川崎機器人（天津）有限公司（いずれも連結子会社）他が産業用ロボットを，（株）メディカロイド（持分法適用関連会社）が医療用ロボットの製造・販売を行っています。

パワースポーツ&エンジン事業

　カワサキモータース（株）（連結子会社）で製造・販売を行っているほか，製造については二輪車，オフロード四輪車（SxS，ATV），PWC「ジェットスキー」，汎用ガソリンエンジンを Kawasaki Motors Manufacturing Corp.，U.S.A.，Kawasaki Motors Enterprise（Thailand）Co., Ltd.（いずれも連結子会社）他がそれぞれ製造しています。また，販売面においては，国内向け二輪車他を（株）カワサキモータースジャパン（連結子会社）が，海外向け二輪車他を Kawasaki Motors Corp., U.S.A.，Kawasaki Motors Europe N.V.，Kawasaki Motors（Phils.）Corporation, PT. Kawasaki Motor Indonesia（いずれも連結子会社）他が，それぞれ販売しています。

その他事業

　川重商事（株）（連結子会社）他が商業を，（株）カワサキライフコーポレーション（連結子会社）他が商業及び福利施設管理等の諸事業を営んでいます。

以上で述べた事項を事業系統図によって示せば，次のとおりです。

事業系統図

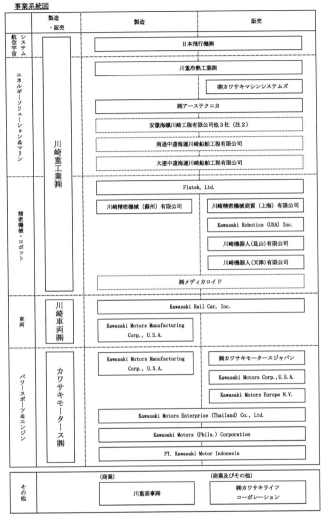

	製造・販売	製造	販売
航空宇宙システム	川崎重工業㈱	日本飛行機㈱	
エネルギーソリューション＆マリン		川重冷熱工業㈱	㈱カワサキマシンシステムズ
		㈱アーステクニカ	
		安徽海螺川崎工程有限公司他3社（注2）	
		南通中遠海運川崎船舶工程有限公司	
		大連中遠海運川崎船舶工程有限公司	
精密機械・ロボット		Flutek, Ltd.	
		川崎精密機械（蘇州）有限公司	川崎精密機械商貿（上海）有限公司
			Kawasaki Robotics (USA) Inc.
			川崎機器人(昆山)有限公司
			川崎機器人(天津)有限公司
		㈱メディカロイド	
車両	川崎車両㈱	Kawasaki Rail Car, Inc.	
		Kawasaki Motors Manufacturing Corp., U.S.A.	
パワースポーツ＆エンジン	カワサキモータース㈱	Kawasaki Motors Manufacturing Corp., U.S.A.	㈱カワサキモータースジャパン
			Kawasaki Motors Corp., U.S.A.
			Kawasaki Motors Europe N.V.
		Kawasaki Motors Enterprise (Thailand) Co., Ltd.	
		Kawasaki Motors (Phils.) Corporation	
		PT. Kawasaki Motor Indonesia	
その他		（商業）川重商事㈱	（商業及びその他）㈱カワサキライフコーポレーション

（注）1. 実線枠は連結子会社，点線枠は持分法適用関連会社であり，主要な会社のみ記載しています。
　　　2. 他3社は安徽海螺川崎装備製造有限公司，安徽海螺川崎節能設備製造有限公司，上海海螺川崎節能環保工程有限公司です。

名称	住所	資本金 又は出資金	主要な事業 の内容	議決権の 所有割合 (%)	関係内容
（連結子会社）					
日本飛行機㈱	横浜市金沢区	百万円 6,048	航空宇宙システム事業	100	当社への同社製品の販売 役員の兼任あり
川崎車両㈱	神戸市兵庫区	百万円 9,685	車両事業	100	役員の兼任あり
Kawasaki Rail Car, Inc. (注)2	New York, U.S.A.	千米ドル 60,600	車両事業	100 (100)	川崎車両社製品の製造・販売
㈱アーステクニカ	東京都千代田区	百万円 1,200	エネルギーソリューション&マリン事業	100	役員の兼任あり
川重冷熱工業㈱	滋賀県草津市	百万円 1,460	エネルギーソリューション&マリン事業	100	役員の兼任あり
㈱カワサキマシンシステムズ	大阪市北区	百万円 350	エネルギーソリューション&マリン事業	100	当社製品の販売 役員の兼任あり
武漢川崎船用機械有限公司	湖北省武漢市 中華人民共和国	百万円 1,100	エネルギーソリューション&マリン事業	55	当社製品の製造・販売 役員の兼任あり
川崎精密機械（蘇州）有限公司	江蘇省蘇州市 中華人民共和国	百万円 3,000	精密機械・ロボット事業	100	役員の兼任あり
Kawasaki Precision Machinery (U.S.A.) Inc.	Michigan, U.S.A.	千米ドル 5,000	精密機械・ロボット事業	100	役員の兼任あり
川崎精密機械商貿（上海）有限公司	上海市 中華人民共和国	百万円 400	精密機械・ロボット事業	100	役員の兼任あり
Kawasaki Precision Machinery (UK) Ltd.	Plymouth, United Kingdom	千英ポンド 10,000	精密機械・ロボット事業	100	役員の兼任あり
Wipro Kawasaki Precision Machinery Private Limited	Bangalore, India	百万ルピー 725	精密機械・ロボット事業	51	役員の兼任あり
Flutek, Ltd.	Kyungnam, Korea	億ウォン 13	精密機械・ロボット事業	50.38	役員の兼任あり
川崎機器人（天津）有限公司	天津経済技術開発区 中華人民共和国	百万円 200	精密機械・ロボット事業	100	役員の兼任あり
川崎機器人（昆山）有限公司	江蘇省昆山市 中華人民共和国	百万円 1,680	精密機械・ロボット事業	100	役員の兼任あり
Kawasaki Robotics (USA) Inc. (注)2	Delaware, U.S.A.	千米ドル 1,000	精密機械・ロボット事業	100 (100)	当社製品の販売 役員の兼任あり
カワサキモータース㈱ (注)3	明石市	百万円 1,000	パワースポーツ&エンジン事業	100	役員の兼任あり
㈱カワサキモータースジャパン(注)2	明石市	百万円 100	パワースポーツ&エンジン事業	100 (100)	カワサキモータース社製品の販売
India Kawasaki Motors Pvt. Ltd.(注)2	Maharashtra, India	百万ルピー 813	パワースポーツ&エンジン事業	100 (100)	カワサキモータース社製品の製造・販売
Kawasaki Motors Corp., U.S.A.(注)2(注)3(注)4	Delaware, U.S.A.	千米ドル 165,900	パワースポーツ&エンジン事業	100 (100)	カワサキモータース社製品の販売
PT. Kawasaki Motor Indonesia(注)2	Bekasi, Indonesia	千米ドル 80,000	パワースポーツ&エンジン事業	90 (90)	カワサキモータース社製品の製造・販売
Kawasaki Motores do Brasil Ltda.(注)2	Sao Paulo, Brasil	チレアル 16,742	パワースポーツ&エンジン事業	100 (100)	カワサキモータース社製品の製造・販売
Kawasaki Motors Europe N.V. (注)2	Hoofddorp, The Netherlands	千ユーロ 64,093	パワースポーツ&エンジン事業	100 (100)	カワサキモータース社製品の販売
Kawasaki Motors (Phils.) Corporation(注)2	Metro Manila, Philippines	千ペソ 101,430	パワースポーツ&エンジン事業	50 (50)	カワサキモータース社製品の製造・販売
Kawasaki Motors Manufacturing Corp., U.S.A. (注)2(注)3	Nebraska, U.S.A.	千米ドル 170,000	パワースポーツ&エンジン事業、車両事業、航空宇宙システム事業	100 (100)	当社、川崎車両及びカワサキモータース社製品の製造
Kawasaki Motors Enterprise (Thailand) Co.,Ltd.(注)2	Rayong, Thailand	百万バーツ 1,900	パワースポーツ&エンジン事業、精密機械・ロボット事業	100 (100)	当社及びカワサキモータース社製品の製造・販売

point 関係会社の状況

主に子会社のリストであり,事業内容や親会社との関係についての説明がされている。
特に製造業の場合などは子会社の数が多く,すべてを把握することは難しいが,重要
な役割を担っている子会社も多くある。有報の他の項目では一度も触れられていない
場合が多いので,気になる会社については個別に調べておくことが望ましい。

名称	住所	資本金 又は出資金	主要な事業 の内容	議決権の 所有割合 (%)	関係内容
Kawasaki Motores de Mexico S.A. de C.V.(注)2	Nuevo Leon, Mexico	千米ドル 18,000	パワースポーツ＆エ ンジン事業	100 (100)	カワサキモータース社製品の 製造・販売
日本水素エネルギー㈱	東京都港区	百万円 2,032	その他事業	66.6	水素サプライチェーンの構築 に関連した企画及び各種調査 に関する事業 役員の兼任あり
川重商事㈱	神戸市中央区	百万円 600	その他事業	70	当社製品の販売、当社への 機器類・資材の納入 役員の兼任あり
㈱カワサキライフ コーポレーション	神戸市中央区	百万円 400	その他事業	100	不動産の売買・賃貸・管理、 保険代理業、ビル管理業 役員の兼任あり
その他74社					
(持分法適用関連会社) スチールプランテック㈱	横浜市神奈川区	百万円 1,995	エネルギーソリュー ション＆マリン事業	33	役員の兼任あり
安徽海螺川崎工程有限公司	安徽省蕪湖市 中華人民共和国	千中国元 100,000	エネルギーソリュー ション＆マリン事業	49	役員の兼任あり
安徽海螺川崎節能設備製造 有限公司	安徽省蕪湖市 中華人民共和国	千中国元 100,000	エネルギーソリュー ション＆マリン事業	49	役員の兼任あり
安徽海螺川崎装備製造 有限公司	安徽省蕪湖市 中華人民共和国	千中国元 348,000	エネルギーソリュー ション＆マリン事業	50	役員の兼任あり
上海海螺川崎節能環保工程 有限公司(注)2	上海市 中華人民共和国	千中国元 100,000	エネルギーソリュー ション＆マリン事業	49 (49)	役員の兼任あり
南通中遠海運川崎船舶工程 有限公司	江蘇省南通市 中華人民共和国	千中国元 1,462,200	エネルギーソリュー ション＆マリン事業	50	役員の兼任あり
大連中遠海運川崎船舶工程 有限公司(注)2	遼寧省大連市 中華人民共和国	千中国元 2,620,000	エネルギーソリュー ション＆マリン事業	49 (15)	役員の兼任あり
㈱メディカロイド	神戸市中央区	百万円 5,100	精密機械・ロボット 事業	50	役員の兼任あり
川崎春暉精密機械(浙江) 有限公司	浙江省上虞市 中華人民共和国	百万円 1,102	精密機械・ロボット 事業	49	役員の兼任あり
その他11社					

(注) 1. 「主要な事業の内容」欄には，事業の種類別セグメントの名称を記載しています。

2. 「議決権の所有割合欄」の(内書)は間接所有です。

3. 特定子会社です。

4. Kawasaki Motors Corp., U.S.A.については，売上高（連結会社相互間の内部売上高を除く）の連結
売上高に占める割合が10%を超えています。

　　主要な損益情報等　①　売上収益　　327,040百万円

　　　　　　　　　　　②　税引前利益　　3,968

　　　　　　　　　　　③　当期利益　　　3,211

　　　　　　　　　　　④　資本合計　　　32,204

　　　　　　　　　　　⑤　資産合計　　219,628

5　従業員の状況

（1）　連結会社の状況 ··

2023年3月31日現在

セグメントの名称	従業員数（名）
航空宇宙システム	8,118
車両	3,483
エネルギーソリューション＆マリン	8,506
精密機械・ロボット	4,294
パワースポーツ＆エンジン	10,159
その他	2,318
全社共通	1,376
合計	38,254

（注）1.　従業員数は就業人員のみを対象としています。なお，臨時従業員数については従業員総数の100分の10未満であるため記載を省略しています。
　　　2.　従業員数は再雇用従業員を含みます。

（2）　提出会社の状況 ··

2023年3月31日現在

従業員数（名）	平均年齢（歳）	平均勤続年数（年）	平均年間給与（円）
13,662	40.9	15.2	7,365,144

セグメントの名称	従業員数（名）
航空宇宙システム	5,364
エネルギーソリューション＆マリン	5,025
精密機械・ロボット	1,897
全社共通	1,376
合計	13,662

（注）1.　従業員数は就業人員のみを対象としています。なお，臨時従業員数については従業員総数の100分の10未満であるため記載を省略しています。
　　　2.　従業員数は再雇用従業員を含みます。
　　　3.　平均年間給与は，賞与及び基準外賃金を含みます。
　　　4.　平均年齢，平均勤続年数，平均年間給与は60歳以降の従業員を含みません。

(3) 労働組合の状況 ···

　当社の労働組合は，川崎重工労働組合と称し，上部団体は日本基幹産業労働組合連合会（略称基幹労連）です。また，組合とは信頼関係を基礎に労働協約を締結し，労働条件その他労使間の重要問題について労働協議会・経営協議会等を開催し，相互の理解と隔意ない意見交換により円満に解決を図っています。

　なお，当連結会計年度，連結会社において労働組合との間に特記すべき事項等は生じていません。

(point) **従業員の状況**

　　主力セグメントや，これまで会社を支えてきたセグメントの人数が多い傾向があるのは当然のことだろう。上場している大企業であれば平均年齢は40歳前後だ。また労働組合の状況にページが割かれている場合がある。その情報を載せている背景として，労働組合の力が強く，人数を削減しにくい企業体質だということを意味している。

事業の状況

1 経営方針，経営環境及び対処すべき課題等

　文中の将来に関する事項は，当連結会計年度末現在において，当社グループが判断したものです。

[経営の基本方針]

　当社グループは，カワサキグループ・ミッションステートメントにおいて，「世界の人々の豊かな生活と地球環境の未来に貢献する "Global Kawasaki"」をグループミッションとして掲げ，最先端の技術で新たな価値を創造し，顧客や社会の可能性を切り拓く企業グループを目指しています。

　また，「選択と集中」「質主量従」「リスクマネジメント」を指針とし，資本コストを上回る利益を安定的に創出するとともに，社会課題に対するソリューションの提供を通じてSDGs達成に貢献すべく，経済的価値・社会的価値の二つの軸で企業価値を高める経営を推進していきます。

[中長期的な会社の経営戦略・対処すべき課題]

　2020年11月から，当社グループの目指す将来像として「グループビジョン2030」を推進しています。現有主力事業の強化，事業間シナジー促進による将来の柱となる新事業育成，更に事業の選択と集中を行って事業ポートフォリオの変革を実現し，持続的な成長を追求します。

　《注力するフィールド》

　新たな時代の社会課題を見据え，地球環境保護のための脱炭素社会の実現，先進国を中心とした高齢化社会・労働力不足への対応，医療などの種々の地域間格差の解消，自然災害の抑止や早期復旧，各種資源・物資やエネルギーの安定供給など，様々な社会課題に対するソリューションをタイムリーに提供するため，以下の3つのフィールドに注力しています。

　「安全安心リモート社会」－ロボティクスとネットワークを活用した新しい価値の創出

　医療・ヘルスケア，ものづくり，産業インフラなど様々な分野で，当社グループが持つ遠隔操作・遠隔情報技術・ロボティクス等を用いて，安全かつ安心して

暮らせる社会を創るとともに、リモート社会の実現によりすべての人々が社会参加できる新しい働き方・くらし方も提案していきます。

「近未来モビリティ」－人とモノの移動の変化・トレンドに素早く対応

宅配需要やライフスタイルの変化に伴う個人モビリティ需要の増加など、人とモノの移動の変化・トレンドに素早く対応するため、無人で物資を運ぶヘリコプタや自動配送ロボットなど、新しい輸送・移動手段を提案し、豊かでスマートかつシームレスな移動が可能な社会を創造します。

「エネルギー・環境ソリューション」－クリーンエネルギーの安定供給に向けて

カーボンニュートラル社会の早期実現に向け、世界に先駆けて水素サプライチェーンを構築します。また、当社及び国内連結子会社事業所のCO2排出を2030年までに実質ゼロにするという、自立的なカーボンニュートラルも推進します。世界各地で、様々な方法で作ることができる水素は、カーボンニュートラルだけでなくエネルギー安全保障面からも期待が高まっており、早期に水素社会を実現できるよう取組を加速します。更に、電動化なども含めた当社グループの脱炭素ソリューションを社会やステークホルダーの皆様にも幅広くその輪を広げ、2040年にZero-Carbon Ready、2050年にはグループ全体でのCO2排出量の実質ゼロを目指します。

《成長シナリオ》

2022年度に過去最高益を記録したパワースポーツ＆エンジン事業等の量産系事業が全社の収益を支えていますが、国際線を含む航空需要の本格的な回復に伴い、航空宇宙システム事業をはじめとする受注系事業の収益が安定的に拡大し、当社グループの成長を牽引します。更に、水素事業や医療ロボット事業、近未来モビリティ等をはじめとする新規事業も収益の柱となり、安定した成長軌道を描くことを目指します。成長シナリオの実現のため、モノ売りからコト売りへのシフトなどのビジネスモデルの見直し、政府や自治体、他企業、研究機関との連携による新しい社会創造、ポートフォリオ改革・組織改革にも取り組み、高収益体質を実現していきます。

それらを支える仕組みとして、デジタル・トランスフォーメーション（DX）を

(point) **業績等の概要**

この項目では今期の売上や営業利益などの業績がどうだったのか、収益が伸びたあるいは減少した理由は何か、そして伸ばすためにどんなことを行ったかということがセグメントごとに分かる。現在、会社がどのようなビジネスを行っているのか最も分かりやすい箇所だと言える。

推進し，データ活用による新たなソリューションの創出と業務プロセスの効率化・高付加価値化を追求し，経営の意思決定のスピードアップにも取組んでいきます。また，人財は成長シナリオを支える最も重要な財産であり，多様な人財の獲得・育成，その個性と能力を発揮する環境整備，前向きに挑戦し続ける人と組織の実現に向けて，各種施策も展開しています。人財を年齢に関係なくそのポテンシャルを最大限発揮できるポストに配置するなど，人事制度の刷新を含め様々な改革を絶えず推進できる企業風土が醸成されつつあります。

[経営環境，優先的に対処すべき事業上及び財務上の課題]

　世界経済は，各国の渡航規制の緩和による航空需要の増加や中国のゼロコロナ政策終了に伴う内需拡大などにより堅調に推移しており，国内においても，新型コロナウイルス感染症に関する各種規制が緩和され，サービス消費やインバウンドを中心として着実に回復に向かっています。一方，欧米各国を中心に高インフレや金融引き締めに伴う景気減速への警戒感が強まっており，世界経済の先行きや国内景気への影響については引き続き注視が必要です。

　このような状況の下，当社グループは収益性の向上に向け，適正な販売価格の実現やコスト競争力の強化，サプライチェーンの多様化に取り組んでいきます。また，経営資源の投入については，案件の厳選に努めつつも，注力する3つのフィールドについては，スピード感をもって積極的な投資を実行するなど，メリハリのある意思決定を行っていきます。資金面に関しても，前述の収益性向上や投資選別のほか，適正在庫の実現，資産圧縮などの対応策を進めることで，キャッシュ・フロー創出力の強化及び有利子負債の削減に努めていきます。

[経営上の目標の達成状況を判断するための客観的な指標等]

　2022年度までは，経営上の目標達成状況を判断するための客観的な指標を，利益（営業利益，親会社株主に帰属する当期純利益）及び資本効率を測る指標である投下資本利益率（税前ROIC＝EBIT（税引前利益＋支払利息）÷投下資本（有利子負債＋自己資本））としていました。

　2023年度以降は，グループ全体として資本コストを意識した経営を推進する

視点に立ち，資本市場からの要請に応え対話をより促進するため，利益（事業利益，親会社の所有者に帰属する当期利益）及び税後ROIC※を指標とします。

　なお，2022年度は税前ROICに加え税後ROICも開示することとし，2023年度以降は一般的に理解しやすい税後ROICに統一する予定です。

　そして，世界GDP成長率を上回る売上高の成長を目指し，成長分野・新規事業への開発投資を継続しつつ，グループ全体として事業利益率は5〜8％，統一後の指標である税後ROICは資本コスト（WACC）＋3％以上を確保すべく努めていきます。これらの経営指標の改善の結果として自己資本利益率（ROE＝親会社の所有者に帰属する当期利益÷自己資本の期首・期末平均）の向上も図っていきます。

　※税後ROIC＝（親会社の所有者に帰属する当期利益＋支払利息×（1−実効税率））÷投下資本（純有利子負債の期首・期末平均＋自己資本の期首・期末平均）とします。これに伴い，税前ROICの投下資本も税後ROICの投下資本と一致させています。

[セグメントごとの戦略及び課題]
① 航空宇宙システム事業
　P-1固定翼哨戒機・C-2輸送機の修理・部品供給を含めた量産の推進及び派生型機への展開と抜本的な防衛力強化という防衛省の方針に沿った活動強化，ボーイング既存機及び民間航空エンジンのコストダウン，需要回復に伴うサプライチェーン及び増産体制の再整備，市況変化を踏まえた技術戦略の見直し
② 車両事業
　品質管理の強化，顧客ニーズに適合した技術・製品による差別化，コスト競争力の強化，海外プロジェクトのリスク管理強化，IoTを活用したメンテナンス事業及び軌道モニタリング事業参入等のストック型ビジネスの拡大，海外生産・海外調達及びパートナーシップの活用などグローバルな最適事業遂行体制の構築
③ エネルギーソリューション＆マリン事業
　水素関連プロジェクトの研究開発・事業化の推進，コアコンポーネント強化とその組み合わせによる最適システム構築，分散型エネルギー供給システムの提案，

新興国・資源国を中心とした海外事業の拡大，アフターサービス事業の強化，ガス関連船建造におけるコスト競争力の強化，船舶海洋事業における中国合弁会社の収益性改善

④ 精密機械・ロボット事業

　油圧事業は，新製品・戦略製品の早期開発・上市，アフターサービスビジネスの拡大，グローバル展開の加速によるコスト競争力の強化。ロボット事業は，それぞれの市場に応じた差別化による製品の付加価値向上，コスト競争力の強化，オープンイノベーションと協業の推進，デジタルプラットフォーム（RoboCross）の構築，「hinotori™」を中心とする医療ビジネスの拡大

⑤ モーターサイクル＆エンジン事業

　"Kawasaki"らしい魅力ある新機種の継続投入，顧客に訴求する卓越した品質と信頼性，高いブランド価値の実現，新興国市場におけるコスト競争力の強化，連結ベースのマネジメントの徹底と効率化

2　事業等のリスク

　有価証券報告書に記載した事業の状況，経理の状況等に関する事項のうち，経営者が当社グループの財政状態，経営成績及びキャッシュ・フローの状況に重要な影響を与える可能性があると認識している主要なリスクは以下のとおりです。これらのリスクは，経営会議等での審議等を経て抽出しており，取締役会において連結財務諸表での重要性，影響度，網羅性を確認した上で選定しています。なお，文中の将来に関する事項は，当連結会計年度末現在において，当社グループが判断したものです。

（1）　経営成績の見通しに重要な影響を与える可能性があると認識しているリスク

① 　地政学リスク ……………………………………………………………………

　米中貿易摩擦問題，台湾有事懸念，ロシア・ウクライナ情勢，世界各国における経済安全保障法制の強化など地政学リスクが高まっており，原材料価格及び物流費の高騰，エネルギー価格上昇，サプライチェーン問題などをもたらしています。

当社グループの連結売上収益の約半分が海外向けであり，米国・中国をはじめとする多くの国に生産・販売拠点を構えています。また，原材料や部品についても，海外から多く調達しています。そのため，事業に関連する国・地域の政治，経済，社会，法規制，自然災害等の影響を受ける可能性がありますが，当社グループは，国際情勢の動向や各国の法規制の改正等を注視しつつ，状況の変化に迅速に対応できる社内体制を構築し，情報の共有及び対応策を実施しています。

② **調達品価格の高騰リスク** ………………………………………………

　コロナ禍からの本格的な経済回復，国内外のインフレ進行，ロシア・ウクライナ情勢の長期化等に伴い，原材料価格，人件費，エネルギー価格，物流費等の上昇が続いています。事業計画策定にあたっては一定のコスト上昇を織り込んでいますが，想定を超える価格の上昇が当社グループの経営成績及び財政状態に影響を及ぼす可能性があります。当社グループは，コストダウン活動を継続しつつ，販売契約へのエスカレーション条項の織込みや調達品価格の高騰を適切に販売価格へ反映するなどの対策を行っています。

③ **部品入手困難による生産遅延リスク** ………………………………………

　米中貿易摩擦やコロナ禍の影響で半導体などの調達部品が不足しており，一部の製品において生産遅延が生じています。今後の部品調達の状況によっては，パワースポーツ＆エンジン事業やロボット事業を中心に販売が減少する可能性がありますが，代替品の活用や生産調整等の対策を実行し，利益の確保に努めています。

④ **景気変動リスク** …………………………………………………………

　景気変動は企業の事業活動に影響を及ぼし，売上収益等に影響する可能性があります。当社グループは，官公庁向けと民間向け，先進国向けと新興国向け，受注生産型と見込み生産型，B to BやB to Cなど，景気サイクルの異なる多様な事業でポートフォリオを構成しており，景気変動リスクを分散させています。

　また，社会情勢や国際動向を注視し，社会課題，市場ニーズ等に対応した開発・

(point) **生産及び販売の状況**

　生産高よりも販売高の金額の方が大きい場合は，作った分よりも売れていることを意味するので，景気が良い，あるいは会社のビジネスがうまくいっていると言えるケースが多い。逆に販売額の方が小さい場合は製品が売れなく，在庫が増えて景気が悪くなっていると言える場合がある。

受注活動を継続することで売上収益を確保するほか，見込み生産型事業においては，販売や在庫の状況をモニタリングして生産調整をタイムリーに行うなど，景気が減速する局面においても経営成績及びキャッシュ・フローに及ぼす影響が最小限になるように努めています。

⑤　**プロジェクトの契約・履行に関するリスク** ·······································

　当社グループは，過去に鉄道車両，エネルギー関連設備，海洋資源開発支援船など大型プロジェクトにおいて多額の損失を計上した反省を踏まえ，見積，契約条件，技術仕様等に対するリスク検知と適正な評価，実効性のあるリスク回避策の立案が重要と考え，受注前のリスクチェック機能を強化してきました。2020年度からは，過去の損失案件等から得た教訓を規律として社則化するとともに，過去の案件から統計的に導いた損失リスクの総量を自己資本に見合った範囲に抑えるリスク統制アプローチを導入しています。特に，契約条件・条項に起因して損失に繋がったケースが過去にあり，契約に関するリスクを低減するために，法務部門が契約書の最終確認を行っています。また，法務機能を担う人財の育成及び獲得，社外弁護士の活用等を通じて，より一層の法務対応力の強化にも取り組んでいます。

　更に，受注後のプロジェクトについては，市場環境やその進捗状況において，経営成績等に大きな影響を与える可能性がある兆候を経営会議及び取締役会へタイムリーに報告し，モニタリング機能の強化にも努めてきました。現在履行中の大型プロジェクトのうち，北米向け地下鉄車両案件は，量産車の製造が本格化しており，社長直轄のタスクフォース組織において，プロジェクト遂行に伴うリスクを低減させるとともに，生産効率や製品品質を更に改善させ，事業採算性の向上，利益の拡大に努めています。

　また，当社グループが取り組んでいる大規模水素サプライチェーン構築プロジェクトについては，NEDOグリーンイノベーション基金事業で採択された各種事業が，商用化に向けて始動しています。事業推進に際して，各フェーズで発生する問題を早期段階で認識し，リスクを最小限に抑えながら円滑にプロジェクトを進めるべく取り組んでいます。

⑥　訴訟に関するリスク

　当社グループは事業を展開するにあたり，契約条件の明確化，知的財産権の適正な取得・使用，各種法規制の遵守等により，トラブルを未然に防止するよう努めています。しかし，予期せぬ事象が生じた場合，損害賠償の請求や訴訟を提起されることがあり，当社グループの業績や財務状況，社会的信用等に影響を及ぼす可能性があります。

　一方で，取引相手先による契約不履行や当社グループが保有する知的財産権の侵害等が生じたときには，当社グループの権利保護を求めて訴訟を提起する場合があります。それらの対応にあたっては，弁護士等の外部専門家と連携する等，最善策を講じるための体制を整備しています。

　なお，当連結会計年度において，当社グループに重要な影響を及ぼす重要な訴訟に関しては，「第5　経理の状況1連結財務諸表等（2）その他」をご参照下さい。

⑦　為替変動に関するリスク

　当社グループの業績見通しにおいては，一定量の為替変動リスクが含まれています。そのため，実需の外貨建債権・債務に対し，投機的な要素を排除した形で日本円のディスカウントコストを考慮しながら為替予約等のリスクヘッジを行っています。また，パワースポーツ＆エンジン事業を中心として，為替影響分の価格転嫁，海外調達の拡大及び海外生産比率の増加等を通じて為替リスクの低減に取り組んでいます。

　現在，日米金利差拡大，日本の貿易赤字の影響等を背景とした円安は，売上収益には好影響を及ぼす一方で，調達価格やエネルギー価格上昇などのコスト増をもたらしています。日米の金融政策の動向，金融システム不安や地政学リスク顕在化等の影響により，為替相場の変動幅は大きくなっており，為替リスクに関する不確実性は高まっています。そのため，引き続き相場を注視するとともに，必要に応じて対策を講じていきます。

⑧　資金調達リスク・金利変動リスク

　当社グループは，金融機関からの借入や社債の発行等により資金調達を行って

(point)　対処すべき課題

　有報のなかで最も重要であり注目すべき項目。今，事業のなかで何かしら問題があればそれに対してどんな対策があるのか，上手くいっている部分をどう伸ばしていくのかなどの重要なヒントを得ることができる。また今後の成長に向けた技術開発の方向性や，新規事業の戦略についての理解を深めることができる。

いますが，金融危機が発生する等，金融市場が正常に機能しない場合には，一時的に資金調達を想定どおり行うことが難しくなる可能性があります。そのため，資金調達手段の多様化やコミットメントラインを含む十分な融資枠を確保する等の対策を講じています。また，市場金利の急激な上昇によって資金調達コストが増大した場合，支払利息等の金利負担増加により金融収支が悪化し，当社グループの経営成績及び財政状態に影響を及ぼす可能性がありますが，固定金利での長期資金調達を行うこと等により，金利変動リスクの抑制に努めています。なお，金融機関からの借入金には，コベナンツ（財務制限条項）が付されていることがあり，コベナンツに抵触する事象が発生した場合，当該借入金についての期限の利益を喪失する可能性があるほか，その他の債務についても一括返済が求められる可能性があります。その結果，当社グループの信用力や財政状態に大きな影響を及ぼすこととなりますが，現在の財務状況に鑑みるとその可能性は低いと見ています。当社グループは引き続き財務体質の強化に取り組み，資金調達力の維持・向上を図るほか，サステナブルファイナンスを積極的に活用することで，資金調達の面からも「グループビジョン2030」の実現に向けて取り組んでいます。

⑨ **品質管理リスク** ··

　当社グループは，顧客ニーズや社会課題解決のため，多岐にわたる製品・サービスを提供しています。それらの製造・サービス提供過程においては，社内外の基準に則り厳格な品質管理を実施していますが，予期せぬ製品の欠陥や品質面での不備が発生した場合，発生した損害について賠償を求められ，当社グループの経営成績及び財政状態に影響を及ぼす可能性があります。

　当社グループは，2017年にN700系新幹線台車枠に亀裂が発生するという極めて重大なインシデントを引き起こしたことを重く受け止め，社内に品質管理委員会を立上げ，原因究明と再発防止に努めてきました。また，2019年度に全社的なTQM（Total Quality Management）を推進する専門組織を立上げ，TQMに則った業務遂行体制の構築，品質管理教育，全員参加での品質向上に努めてきました。今後のTQM活動においては，業務プロセスの整流化に加え，人の恣意性を排除したデジタル技術を用いた品質管理の導入を，当社グループ全体で推進していく

予定です。

⑩　コンプライアンスに関するリスク ·······························

　当社グループの役員・従業員が法令違反行為や企業倫理違反行為等を発生させた場合，損害賠償請求や社会的信用の失墜，当社グループ製品の不買運動等に至り，当社グループの経営成績及び財政状態に影響を及ぼす可能性があります。そのため，「川崎重工グループ行動規範」を制定し，コンプライアンス違反を容認しない企業風土の醸成及び維持に努めています。また，社長を委員長とする全社コンプライアンス委員会を設置し，企業としての社会的責任を果たすために各種施策の審議・決定，遵守状況のモニタリング等を行っています。

　2022年6月に川重冷熱工業（株）が製造・販売した一部の製品の検査などに関する不適切行為が判明しました。今後このような不適切行為を起こすことがないよう，外部の弁護士で構成する特別調査委員会での徹底した原因究明を踏まえた是正措置を講じるとともに，コンプライアンスの一層の強化を図り，再発防止に取り組んでいます。

⑪　情報セキュリティリスク ·······································

　当社グループは，社会インフラから消費者向け製品に至るまで，多様な製品を国内外に提供しており，重要な情報資産として多岐にわたる技術・営業情報や顧客情報を蓄積・保有しています。業務プロセスのデジタル化が進むなか，社外からのサイバー攻撃は増加傾向にあり，重要情報の漏洩やシステム停止，その復旧を条件とした身代金要求といった事象に加え，工場の生産システムが攻撃を受けることで事業損失が発生するリスクも高まっています。このような事態に適切に対処するため，サイバーセキュリティ統括部門を中心に，管理ルールの整備，最新技術の導入，オペレーションの高度化によるサイバーディフェンス態勢の強化を推進しています。更にeラーニングによる役員・従業員への情報セキュリティ教育や訓練等，ITリテラシー向上を通したリスク低減にも継続して取り組んでいます。

⑫　貸倒リスク ···

　当社グループは，国内外の顧客に対して代金債権を有しています。顧客の信用不安や契約不履行等により，債権回収に問題が生じた場合は，担保の充当や債権債務の相殺等により回収しますが，回収不能な場合は貸倒れによる損失が発生する可能性があります。当社グループは，取引開始前の与信管理を徹底するとともに，取引期間中は顧客の財務状況を定期的にモニタリングする等，貸倒リスクの低減に取り組んでいます。

［経理処理に関するリスク］

⑬　固定資産の減損リスク ···

　当社グループは，継続的に設備投資を行いながら事業活動を進めており，多くの有形固定資産及び無形資産を有しています。現時点において，多額の減損を計上するような懸念事項はないと考えていますが，今後何らかの外部環境の変化により減損処理を行う必要性が生じた場合，損益が悪化するリスクがあります。なお，大規模事業投資（設備投資を含む）案件について，大型プロジェクトの受注前プロセスと同様，投資決定前のリスク審査を強化する取組を行っています。

⑭　繰延税金資産の回収可能性に関するリスク ··

　当社グループは，税効果会計を適用し，税務上の繰越欠損金，繰越税額控除及び将来減算一時差異に対して繰延税金資産を計上しています。繰延税金資産は，事業計画を基礎として将来の課税所得の発生やタックスプランニングに基づき，回収可能性を検討しています。なお，将来の見通しに変化が生じた際は，回収可能性の見直しが必要となり，繰延税金資産の便益を実現させるだけの十分な課税所得を稼得する可能性が高くなくなったと判断された場合には，当社グループの経営成績及び財政状態に影響を及ぼす可能性があります。

　そのため，将来の見通しの変化等により事業計画にダウンサイドリスクが判明した場合には，繰延税金資産に関しての見直しの要否を適時に判断できるような体制を構築しています。

(2) 経済動向・社会・制度等の変化により活動の継続が困難となる重要事象 …

① 人財の獲得・維持 ………………………………………………………

　人財の獲得・維持は事業活動の継続及び成長のための重要な経営課題と考えています。しかし，少子高齢化等に伴う労働力人口の不足，近年の人件費上昇や労働市場を取り巻く環境変化等によって人財の獲得・維持が困難となり，当社グループの経営成績及び財政状態に影響を及ぼす可能性があります。

　そのため，人的資本に関する基本方針「川崎重工グループ人財マネジメント方針」を掲げ，各種施策に取り組んでいます。施策の詳細については，「第2事業の状況2サステナビリティに関する考え方及び取組」をご参照下さい。

　また，労働力人口不足という問題に対し，当社グループはそのソリューションとして，離れた場所からでも社会参画を可能とするリモートロボティクス，輸送ニーズに対応した配送ロボット，無人輸送ヘリコプタなどの市場投入を迅速に行うことで社会課題解決に貢献していきます。

② 脱炭素化社会・ゼロエミッション ………………………………………

　当社グループが提供する輸送機器やエネルギーシステムの多くは，化石燃料をベースにしています。また，生産をはじめとする事業活動においてCO_2を排出しています。脱炭素社会やゼロエミッションの到来によって，現在の製品・技術が各種規制によって使用不可となることや，顧客をはじめとする様々なステークホルダーへの価値を創出できなくなることで，事業そのものが淘汰される可能性があります。また，事業活動におけるCO_2排出を削減するための莫大な追加コストが発生するリスクも存在しています。

　そのため，水素サプライチェーン商用化に向けた活動や，水素を燃料とする輸送機器・エネルギーシステム，電動機器など脱炭素社会に対応した事業に向けた研究開発を行うとともに，水素エネルギーを活用して2030年までに当社グループの国内事業所のCO_2排出量を2030年までに実質ゼロにする等，様々な対策を進めています。更に，当社グループの脱炭素ソリューションを社会や各ステークホルダーへと広げ，2040年にZero-Carbon Ready，2050年にはグループ全体でのCO_2排出量の実質ゼロを目指します。

③ **経済安全保障** ···

　近年，地政学リスクが高まるなか，世界各国の政府が地政学的な課題解決のために，経済的手段を行使する場面が増加する等，経済活動と安全保障の関係が深くなっており，日本においても経済安全保障推進法が成立しました。当社グループにおいても，重要な部品や原材料の安定的な確保，他国への技術流出の防止等の対応が，従来以上に必要となっています。そのため，経済安全保障に関する変化に対応すべく，2022年に経済安全保障推進に関する専門組織を設置し，国際情勢や各国の政策・法制度の動向等の調査・分析，各種リスクの評価を行う等，適切な措置を講じています。

④ **開発投資** ···

　当社グループは，社会課題の解決と持続的な企業価値向上のため，将来の収益が期待できる分野への研究開発投資や設備投資を行っています。開発の項目や内容の選定判断を誤ることで競合に対する競争力を失い，事業・製品のシェアを低下させるリスクがあります。また，水素利活用分野など基礎研究から実証，製品化へは長期にわたる投資が必要なものが多く，市場変化や顧客，競合動向，各国規制の変化等によっては開発戦略の見直しや撤退を迫られる分野もあり，過去には投入した開発費が回収できなかった事業も存在しています。開発投資が当社グループの経営に大きな影響を及ぼすことがないよう，対象分野の選定やその内容，人財投入計画等については，経営戦略や事業ポートフォリオ上の位置付けなども踏まえて決定し，進捗管理についても適宜フォローしています。

3　経営者による財政状態，経営成績及びキャッシュ・フローの状況の分析

　当連結会計年度における当社グループ（当社，連結子会社及び持分法適用会社）の財政状態，経営成績及びキャッシュ・フロー（以下，「経営成績等」という。）の状況の概要並びに経営者の視点による当社グループの経営成績等の状況に関する認識及び分析・検討内容は次のとおりです。これらは，「第2　事業の状況　1　経営方針，経営環境及び対処すべき課題等」に記載の経営方針・経営戦略等を踏まえて分析しています。

(point) **事業等のリスク**

　「対処すべき課題」の次に重要な項目。新規参入により長期的に価格競争が激しくなり企業の体力が奪われるようなことがあるため，その事業がどの程度参入障壁が高く安定したビジネスなのかなど考えるきっかけになる。また，規制や法律，訴訟なども企業によっては大きな問題になる可能性があるため，注意深く読む必要がある。

当社グループは当連結会計年度（2022年4月1日から2023年3月31日まで）より，従来の日本基準に替えてIFRSを適用しており，前連結会計年度の数値をIFRSに組み替えて比較・分析を行っています。

　なお，文中の将来に関する事項は，当連結会計年度末現在において判断したものです。

（1）　経営成績の状況 ……………………………………………………………

①　連結業績の概況 ………………………………………………………

　世界経済は，各国の渡航規制の緩和による航空需要の増加や中国のゼロコロナ政策終了に伴う内需拡大などにより堅調に推移しており，国内においても，新型コロナウイルス感染症に関する各種規制が緩和され，サービス消費やインバウンドを中心として緩やかに回復しています。また，米国における金融機関の経営破綻から，一時は金融システムや実体経済への悪影響が懸念されましたが，現時点でその影響は比較的軽微に留まっています。

　一方，欧米各国を中心に高インフレや金融引き締めに伴う景気減速への警戒感が強まっており，世界経済の先行きや国内景気への影響については引き続き注視が必要です。

　このような経営環境の中で，当連結会計年度における当社グループの連結受注高は，車両事業，パワースポーツ＆エンジン事業などにおける受注増加により増加となりました。連結売上収益については，パワースポーツ＆エンジン事業，航空宇宙システム事業などが増収となったことにより，全体でも前期比で増収となりました。利益面に関しては，事業利益は，精密機械・ロボット事業などでの減益はあったものの，パワースポーツ＆エンジン事業，航空宇宙システム事業，エネルギーソリューション＆マリン事業での増益などにより，前期比で増益となりました。親会社の所有者に帰属する当期利益は，為替差損益などの悪化はあったものの，事業利益の増益により増益となりました。

　この結果，当社グループの連結受注高は前期比4,353億円増加の2兆374億円，連結売上収益は前期比2,247億円増収の1兆7,256億円，事業利益は前期比519億円増益の823億円，親会社の所有者に帰属する当期利益は前期比403億円増益の530億円となりました。また，事業利益率は4.7%，税前ROICは7.7%，

税後ROICは5.7％，ROEは9.8％となりました。（※）なお，現状の資本コスト（WACC）は4％台と推計しており，これを上回る税後ROICを確保しています。「グループビジョン2030」で掲げた適正な利益水準（事業利益率：5〜8％，税後ROIC：資本コスト（WACC）＋3％以上）の達成に向け，順調に推移しています。

※税前ROIC＝EBIT（税引前利益＋支払利息）÷投下資本（純有利子負債の期首・期末平均＋自己資本の期首・期末平均）

税後ROIC＝（親会社の所有者に帰属する当期利益＋支払利息×（1−実効税率））÷投下資本

（純有利子負債の期首・期末平均＋自己資本の期首・期末平均）

グループ全体として資本コストを意識した経営を推進する視点に立ち，資本市場との対話を促進するため，2022年度は税前ROICに加え税後ROICも開示し，2023年度以降は税後ROICに統一する予定です。

② **セグメント別業績の概要** ···
航空宇宙システム事業

航空宇宙システム事業を取り巻く経営環境は，防衛省向けについては抜本的な防衛力強化という防衛省の方針のもと，今後の需要増が期待されます。民間航空機については，新型コロナウイルス感染拡大により旅客需要が低迷していましたが，経済活動再開を優先する諸国が増加してきていることから，回復に向けて大きく前進しています。

このような経営環境の中で，連結受注高は，民間航空エンジン分担製造品が増加したものの，防衛省向けの大口案件の受注があった前期に比べ377億円減少の3,455億円となりました。

連結売上収益は，民間航空エンジン分担製造品や民間航空機向け分担製造品などが増加したことにより，前期に比べ506億円増収の3,488億円となりました。

事業損益は，民間航空エンジン分担製造品や民間航空機向け分担製造品などの増収により，前期に比べ252億円改善して148億円の利益となりました。

車両事業

車両事業を取り巻く経営環境は，新型コロナウイルス感染拡大による鉄道利用

者数の減少の影響がありましたが，感染が収束し利用者数の回復が見込まれ，国内外で鉄道車両への投資が再開しつつあります。一方で，足元への影響は限定的ではあるものの，電子部品等の供給不足や物流混乱，原材料価格の高騰については，収束が見えつつも注視が必要です。中長期的には，海外市場では大都市の環境対策のための都市交通整備，アジア諸国の経済発展に伴う鉄道インフラニーズなど，今後も世界的に比較的安定した成長が見込まれます。

このような経営環境の中で，連結受注高は，ニューヨーク市交通局向け新型地下鉄電車のオプション契約を受注したことなどにより，前期に比べ2,417億円増加の3,132億円となりました。

連結売上収益は，米国向け車両や国内向け車両が増加したことなどにより，前期に比べ52億円増収の1,319億円となりました。

事業利益は，増収はあったものの，米国ロングアイランド鉄道向け車両案件の工程遅れによる影響等により，前期並みの13億円となりました。

エネルギーソリューション&マリン事業

エネルギーソリューション&マリン事業を取り巻く経営環境は，世界経済が新型コロナウイルス感染拡大の影響による停滞から正常化に向かう中，回復基調を維持しています。国内外の分散型電源需要，及び新興国におけるエネルギーインフラ整備需要は依然根強く，国内ごみ焼却設備の老朽化更新需要も継続しています。また，LPG/アンモニア運搬船も堅調な需要が見込まれます。更には，世界的にカーボンニュートラルの実現を目指す動きが強まっており，当社が強みとする水素製品をはじめ，脱炭素ソリューションに関する問い合わせや協力要請が増加しています。一方，発電設備の稼働に必要な燃料ガスの供給安定性など足元の状況に不透明感があるほか，昨今の原材料価格や資機材・燃料費，輸送運賃の高止まり等による受注，売上収益への影響には注視が必要です。

このような経営環境の中で，連結受注高は，防衛省向け潜水艦の受注やLPG/アンモニア運搬船，発電設備の受注増加などにより，前期に比べ954億円増加の4,390億円となりました。

連結売上収益は，国内向けごみ処理施設案件の工事量減少はあったものの，エネルギー事業や防衛省向け潜水艦の工事量増加などにより，前期に比べ172億円

増収の3,145億円となりました。

　事業損益は，国内向けごみ処理施設案件の工事量減少はあったものの，エネルギー事業，防衛省向け潜水艦の増収や持分法損益の改善などにより，前期に比べ147億円改善の39億円の利益となりました。

精密機械・ロボット事業

　精密機械・ロボット事業を取り巻く経営環境は，精密機械分野では，中国以外の地域における建設機械市場については堅調に推移しましたが，中国建設機械市場は，ゼロコロナ政策に伴うロックダウン等の影響により需要が低迷しました。ロボット分野では，足元ではメモリを中心とする半導体市場の落込みや米中経済摩擦の影響により，半導体製造装置向けロボット需要は減速していますが，通期では好調に推移しました。また，一般産業用ロボットは，世界的に自動化投資の高い需要が続いています。

　このような経営環境の中で，連結受注高は，各種ロボットの増加はあったものの，中国建設機械市場向け油圧機器が減少したことなどにより，前期に比べ98億円減少の2,620億円となりました。

　連結売上収益は，中国建設機械市場向け油圧機器の減収はあったものの，拡販や部品供給不足の緩和による各種ロボットの増収などにより，前期並みの2,526億円となりました。

　事業利益は，電子部品や素材費高騰等のコストアップ，中国でのロックダウンで一時操業が低下したことや，中国建設機械市場向け油圧機器が減少したことなどにより，前期に比べ51億円減益の87億円となりました。

パワースポーツ＆エンジン事業

　パワースポーツ＆エンジン事業を取り巻く経営環境は，新型コロナウイルス感染拡大による市場への影響は徐々に弱まっています。半導体等の不足による製品供給への影響は今なお残っており注視が必要ですが，物流の混乱は落ち着きを取り戻しています。主要市場である米国では需要はやや減速しつつあるものの，今のところ堅調に推移しています。また，東南アジア市場は国ごとの差はありつつも全体として前年度より回復しています。

　このような経営環境の中で，連結売上収益は，北米向け，東南アジア向け二輪

車及び北米向け四輪車，汎用エンジンが増加したことに加え，為替レートが円安に推移したことなどにより，前期に比べ1,432億円増収の5,911億円となりました。

　事業利益は，原材料費，物流費の高騰，固定費の増加はあったものの，価格転嫁が順調に進んでいることに加え，二輪車，四輪車及び汎用エンジンの拡販や為替の影響などにより，前期に比べ340億円増益の715億円となりました。

その他事業

　連結売上収益は，前期に比べ83億円増収の863億円となりました。

　事業損益は，前期に比べ49億円悪化の18億円の損失となりました。

　当社グループは「グループビジョン2030」において，注力するフィールドを「安全安心リモート社会」「近未来モビリティ」「エネルギー・環境ソリューション」とし，手術支援ロボットをはじめとする医療・ヘルスケア事業，更には，配送ロボットや無人輸送ヘリコプタの事業化，カーボンニュートラル社会の早期実現に向けた水素事業や電動化の推進など，社会課題ソリューション創出への取組を着実に進めています。

(2)　財政状態の状況 ………………………………………………………

（資産）

　流動資産は，棚卸資産や営業債権及びその他の債権，契約資産などの増加により前期末比2,501億円増加し，1兆5,703億円となりました。

　非流動資産は，使用権資産の増加などにより前期末比329億円増加し，8,873億円となりました。

　この結果，総資産は前期末比2,830億円増加の2兆4,577億円となりました。

（負債）

　有利子負債は，前期末比359億円増加の5,898億円となりました。負債全体は，社債，借入金及びその他の金融負債の増加などにより前期末比2,111億円増加の1兆8,608億円となりました。

（資本）

　資本は，親会社の所有者に帰属する当期利益の計上などにより，前期末比719

(point) **財政状態，経営成績及びキャッシュ・フローの状況の分析**

　「事業等の概要」の内容などをこの項目で詳しく説明している場合があるため，この項目も非常に重要。自社が事業を行っている市場は今後も成長するのか，それは世界のどの地域なのか，今社会の流れはどうなっていて，それに対して売上を伸ばすために何をしているのか，収益を左右する費用はなにか，などとても有益な情報が多い。

億円増加の5,968億円となりました。

(3)　キャッシュ・フローの状況 ··

　当期末における現金及び現金同等物（以下「資金」）は前期比299億円増の1,384億円となりました。当期における各キャッシュ・フローの状況とそれらの要因は，次のとおりです。

　（営業活動によるキャッシュ・フロー）

　営業活動の結果得られた資金は，前年同期に比べ1,332億円減の236億円となりました。収入の主な内訳は，減価償却費及び償却費773億円，営業債務及びその他の債務の増加額422億円であり，支出の主な内訳は，棚卸資産の増加額642億円，契約資産の増加額502億円，営業債権及びその他の債権の増加額593億円です。

　（投資活動によるキャッシュ・フロー）

　投資活動の結果支出した資金は，前年同期に比べ190億円増の774億円となりました。これは主に有形固定資産及び無形資産の取得によるものです。

　（財務活動によるキャッシュ・フロー）

　財務活動の結果獲得した資金は，前年同期に比べ1,942億円増の853億円となりました。これは主に債権流動化による収入によるものです。

(4)　資本の財源及び資金の流動性についての分析 ····························

①　財務政策 ··

　当社グループの運転資金・投資向け資金等の必要資金については，主として営業キャッシュ・フローで獲得した資金を財源としていますが，必要に応じて，短期的な資金については銀行借入やコマーシャル・ペーパーなど，設備投資資金・投融資資金等の長期的な資金については，設備投資・事業投資計画に基づき，金融市場動向や固定資産とのバランス，既存借入金及び既発行債の償還時期などを総合的に勘案し，長期借入金や社債などによって調達しています。

　当社グループは上述の多様な資金調達源に加え，複数の金融機関とコミットメントライン契約を締結しており，事業活動に必要な資金の流動性を確保していま

（*point*）**設備投資等の概要**

　　セグメントごとの設備投資額を公開している。多くの企業にとって設備投資は競争力
　　向上・維持のために必要不可欠だ。企業は売上の数％など一定の水準を設定して毎年
　　設備への投資を行う。半導体などのテクノロジー関連企業は装置産業であり，技術発
　　展のスピードが速いため，常に多額の設備投資を行う宿命にある。

す。また，当社と国内子会社間，また海外の一部地域の関係会社間ではキャッシュ・マネジメント・システムによる資金融通を行っており，グループ内の資金効率向上に努めています。

② **資金需要の主な内容** ··

　当社グループの資金需要は，営業活動に係る資金支出では生産活動に必要な運転資金（材料費，外注費，人件費等），受注活動又は販売促進のための販売費，新規事業の立ち上げや製品競争力の強化のための研究開発費などがあります。投資活動に係る資金支出には，事業の遂行，新規立ち上げ，生産性向上のための設備や施設への投資などがあります。

(5)　経営方針・経営戦略及び経営指標等に照らした経営成績等の分析・検討 ··

　当社グループは，経営上の目標の達成状況を判断するための客観的な指標を利益及びROICとし，事業利益率で5〜8％，税後ROICで資本コスト（WACC）＋3％以上を確保すべく努めていきます。

　2022年度は，先進国の旺盛なアウトドア需要を背景にパワースポーツ＆エンジン事業が大幅な増益となったことに加え，航空宇宙システム事業が旅客需要の回復に伴い大幅に改善したことから，事業利益823億円，事業利益率4.7％，税後ROIC5.7％と前年度から大きく好転しました。

　2023年度は，パワースポーツ＆エンジン事業における販促費の増加等を見込むものの，旅客需要の一段の回復が見込まれる航空宇宙システム事業等の採算改善により，為替影響を除けば堅調に推移すると予想しています。引き続き適正な販売価格の実現やコスト競争力の強化に取り組み，各指標の超過達成を実現するべく努めていきます。

　なお，前連結会計年度及び当連結会計年度の全社及びセグメントごとの事業利益率は，次のとおりです。

───────────────────────────────

point **主要な設備の状況**

　「設備投資等の概要」では各セグメントの1年間の設備投資金額のみの掲載だが，ここではより詳細に，現在セグメント別，または各子会社が保有している土地，建物，機械装置の金額が合計でどれくらいなのか知ることができる。

セグメントの名称	前連結会計年度	当連結会計年度	変動
航空宇宙システム	△3.4	4.2	7.7
車両	1.7	1.0	△0.7
エネルギーソリューション＆マリン	△3.6	1.2	4.9
精密機械・ロボット	5.5	3.4	△2.0
パワースポーツ＆エンジン	8.3	12.1	3.7
全社	2.0	4.7	2.7

(単位：％)

　航空宇宙システム事業においては，民間航空エンジン分担製造品や民間航空機向け分担製造品などの増収等により，事業利益率は前期に比べ7.7ポイント上昇しました。また，エネルギーソリューション＆マリン事業においては，国内向けごみ処理施設案件の工事量減少はあったものの，エネルギー事業，防衛省向け潜水艦の増収や持分法損益の改善などにより，前期に比べ4.9ポイント上昇しました。更に，パワースポーツ＆エンジン事業においては，原材料費，物流費の高騰，固定費の増加はあったものの，価格転嫁が順調に進んでいることに加え，二輪車，四輪車及び汎用エンジンの拡販や為替の影響などにより，前期に比べ3.7ポイント上昇しました。

(6)　生産，受注及び販売の実績 ································

①　生産実績 ································

　当連結会計年度における生産実績をセグメントごとに示すと，次のとおりです。

セグメントの名称	生産高(百万円)	前期比増減(%)
航空宇宙システム	325,966	+8.7
車両	132,217	+13.8
エネルギーソリューション＆マリン	287,834	+8.1
精密機械・ロボット	221,965	△2.1
パワースポーツ＆エンジン	435,956	+23.7
その他	94,703	+13.3
合計	1,498,643	+11.4

(注) 金額は，生産高(製造原価)によっています。

② 受注実績 ･･

当連結会計年度における受注実績をセグメントごとに示すと，次のとおりです。

セグメントの名称	受注高(百万円)	前期比増減(%)	受注残高(百万円)	前期比増減(%)
航空宇宙システム	345,549	△9.9	670,686	+8.2
車両	313,247	+338.1	570,523	+47.0
エネルギーソリューション＆マリン	439,009	+27.8	629,052	+24.0
精密機械・ロボット	262,057	△3.6	97,880	+10.7
パワースポーツ＆エンジン	591,151	+32.0	―	―
その他	86,479	+2.9	27,796	+0.3
合計	2,037,492	+27.2	1,995,937	+22.3

(注) 1. パワースポーツ＆エンジン事業については，主として見込み生産を行っていることから，受注高について売上収益と同額とし，受注残高を表示していません。

2. セグメント間の取引については，受注高及び受注残高から相殺消去しています。

③ 販売実績 ･･

当連結会計年度における販売実績をセグメントごとに示すと，次のとおりです。

セグメントの名称	販売高(百万円)	前期比増減(%)
航空宇宙システム	348,880	+17.0
車両	131,935	+4.1
エネルギーソリューション＆マリン	314,552	+5.8
精密機械・ロボット	252,697	+0.0
パワースポーツ＆エンジン	591,151	+32.0
その他	86,392	+10.7
合計	1,725,609	+15.0

(注) 1. 販売高は，外部顧客に対する売上収益です。

2. 主な相手先別の販売実績及び総販売実績に対する割合

相手先	前連結会計年度		当連結会計年度	
	金額(百万円)	割合(%)	金額(百万円)	割合(%)
防衛省	227,696	15.2	240,584	13.9

(7) 重要な会計上の見積り及び当該見積りに用いた仮定 ························

　当社グループの連結財務諸表は，IFRSに準拠して作成されています。その作成においては，連結財政状態計算書上の資産，負債の計上額，及び連結損益計算書上の収益，費用の計上額に影響を与える見積り及び仮定を使用しています。

　詳細については，「第5　経理の状況1連結財務諸表等（1）連結財務諸表注記事項　2．作成の基礎（4）重要な会計上の見積り及び判断の利用」及び「第5　経理の状況　2　財務諸表等（1）財務諸表注記事項（重要な会計上の見積り）」に記載しています。

(8) 並行開示情報 ···

　連結財務諸表規則（第7章及び第8章を除く。以下，「日本基準」）により作成した要約連結財務諸表は，以下のとおりです。なお，日本基準により作成した当連結会計年度の要約連結財務諸表については，金融商品取引法第193条の2第1項の規定に基づく監査を受けていません。

① 要約連結貸借対照表（日本基準）

(単位：百万円)

	前連結会計年度 （2022年3月31日）	当連結会計年度 （2023年3月31日）
資産の部		
流動資産	1,297,781	1,460,472
固定資産		
有形固定資産	444,262	469,312
無形固定資産	23,413	24,552
投資その他の資産	257,291	266,917
固定資産合計	724,967	760,782
資産合計	2,022,748	2,221,255
負債の部		
流動負債	987,328	1,163,540
固定負債	536,896	477,049
負債合計	1,524,225	1,640,589
純資産の部		
株主資本	444,262	496,174
その他の包括利益累計額	34,917	63,820
非支配株主持分	19,342	20,670
純資産合計	498,522	580,665
負債純資産合計	2,022,748	2,221,255

(point) **設備の新設，除却等の計画**

　ここでは今後，会社がどの程度の設備投資を計画しているか知ることができる。毎期どれくらいの設備投資を行っているか確認すると，技術等での競争力維持に積極的な姿勢かどうか，どのセグメントを重要視しているか分かる。また景気が悪化したときは設備投資額を減らす傾向にある。

② 要約連結損益計算書及び要約連結包括利益計算書（日本基準）

要約連結損益計算書

（単位：百万円）

	前連結会計年度 （自 2021年4月1日 至 2022年3月31日）	当連結会計年度 （自 2022年4月1日 至 2023年3月31日）
売上高	1,500,879	1,725,609
売上原価	1,244,300	1,386,670
売上総利益	256,578	338,939
販売費及び一般管理費	210,772	248,919
営業利益	45,805	90,019
営業外収益	9,342	10,354
営業外費用	25,213	20,027
経常利益	29,934	80,346
特別利益	1,633	—
特別損失	715	4,513
税金等調整前当期純利益	30,853	75,832
法人税等合計	6,867	12,231
当期純利益	23,985	63,601
非支配株主に帰属する当期純利益	2,183	2,261
親会社株主に帰属する当期純利益	21,801	61,340

要約連結包括利益計算書

（単位：百万円）

	前連結会計年度 （自 2021年4月1日 至 2022年3月31日）	当連結会計年度 （自 2022年4月1日 至 2023年3月31日）
当期純利益	23,985	63,601
その他の包括利益	35,895	26,729
包括利益	59,880	90,331
（内訳）		
親会社株主に係る包括利益	56,854	87,282
非支配株主に係る包括利益	3,026	3,048

(point) **株式の総数等**

発行可能株式総数とは，会社が発行することができる株式の総数のことを指す。役員会では，株主総会の了承を得ないで，必要に応じてその株数まで，株を発行することができる。敵対的TOBでは，経営陣が，自社をサポートしてくれる側に，新株を第三者割り当てで発行して，買収を防止することがある。

③ 要約連結株主資本等変動計算書（日本基準）

前連結会計年度（自　2021年4月1日　至　2022年3月31日）

（単位：百万円）

	株主資本合計	その他の包括利益累計額合計	非支配株主持分	純資産合計
当期首残高	465,467	△134	17,442	482,775
会計方針の変更による累積的影響額	△39,639	－	－	△39,639
会計方針の変更を反映した当期首残高	425,827	△134	17,442	443,135
当期変動額合計	18,435	35,052	1,899	55,386
当期末残高	444,262	34,917	19,342	498,522

当連結会計年度（自　2022年4月1日　至　2023年3月31日）

（単位：百万円）

	株主資本合計	その他の包括利益累計額合計	非支配株主持分	純資産合計
当期首残高	444,262	34,917	19,342	498,522
会計方針の変更による累積的影響額	721	－	－	721
会計方針の変更を反映した当期首残高	444,984	34,917	19,342	499,244
当期変動額合計	51,189	28,902	1,328	81,420
当期末残高	496,174	63,820	20,670	580,665

④ 要約連結キャッシュ・フロー計算書（日本基準）

（単位：百万円）

	前連結会計年度（自　2021年4月1日　至　2022年3月31日）	当連結会計年度（自　2022年4月1日　至　2023年3月31日）
営業活動によるキャッシュ・フロー	144,430	97,022
投資活動によるキャッシュ・フロー	△52,537	△72,909
財務活動によるキャッシュ・フロー	△102,345	7,352
現金及び現金同等物に係る換算差額	△3,202	△1,556
現金及び現金同等物の増減額（△は減少）	△13,654	29,909
現金及び現金同等物の期首残高	122,166	108,511
現金及び現金同等物の期末残高	108,511	138,420

⑤ 連結財務諸表作成のための基本となる重要な事項の変更（日本基準）

前連結会計年度（自　2021年4月1日　至　2022年3月31日）

（連結の範囲に関する事項）

　新規設立等により3社を連結の範囲に含め，他の子会社による吸収合併により1社を連結の範囲から除外しています。

(point) **連結財務諸表等**

　　ここでは主に財務諸表の作成方法についての説明が書かれている。企業は大蔵省が定めた規則に従って財務諸表を作るよう義務付けられている。また金融商品法に従い，作成した財務諸表がどの監査法人によって監査を受けているかも明記されている。

（持分法適用の範囲の変更）

新規設立により3社を持分法適用の範囲に含め，株式譲渡等により2社を持分法適用の範囲から除外しています。

（収益認識に関する会計基準等の適用）

「収益認識に関する会計基準」（企業会計基準第29号2020年3月31日。以下「収益認識会計基準」という。）等を当連結会計年度の期首から適用し，約束した財又はサービスの支配が顧客に移転した時点で，当該財又はサービスと交換に受け取ると見込まれる金額で収益を認識しています。

この適用により，当社が参画している民間航空エンジンプログラムに関連して負担する費用の一部について，従来は売上原価に計上していましたが，顧客に支払われる対価として売上高から減額する方法に変更しています。これに伴い，従来仕掛品に計上していた民間航空エンジンプログラムに係る開発分担金については，投資その他の資産に振替を行っています。また，民間航空エンジンプログラムのアフターサービス業務については，従来は当社のメインパートナーからの通知情報に基づいて売上高及び売上原価を計上していましたが，履行義務の充足に基づいて収益を認識するとともに，収益認識時に変動対価及び顧客に支払われる対価を見積もって計上する方法に変更しています。このほか，民間航空エンジンプログラムに関して当社が参画割合に応じて負担する一種の値引きについて，従来はメインパートナーからの通知情報に基づいて計上していましたが，収益認識時に当該値引きの金額を変動対価として見積もって計上する方法に変更しています。

収益認識会計基準等の適用については，収益認識会計基準第84項ただし書きに定める経過的な取扱いに従って，当連結会計年度の期首より前に新たな会計方針を遡及適用した場合の累積的影響額を，当連結会計年度の期首の利益剰余金に加減し，当該期首残高から新たな会計方針を適用しています。ただし，収益認識会計基準第86項に定める方法を適用し，当連結会計年度の期首より前までに従前の取扱いに従ってほとんどすべての収益の額を認識した契約には，新たな会計方針を遡及適用していません。また，収益認識会計基準第86項また書き（1）に定める方法を適用し，当連結会計年度の期首より前までに行われた契約変更につ

---

point 連結財務諸表

ここでは貸借対照表（またはバランスシート，BS），損益計算書（PL），キャッシュフロー計算書の詳細を調べることができる。あまり会計に詳しくない場合は，最低限，損益計算書の売上と営業利益を見ておけばよい。可能ならば，その数字が過去5年，10年の間にどのように変化しているか調べると会社への理解が深まるだろう。

いて，すべての契約変更を反映した後の契約条件に基づき会計処理を行い，その累積的影響額を当連結会計年度の期首の利益剰余金に加減しています。

　この結果，当連結会計年度の売上高が102,800百万円，売上原価が108,128百万円減少し，営業利益，経常利益及び税金等調整前当期純利益がそれぞれ5,327百万円増加しています。

　また，当連結会計年度の期首の純資産に累積的影響額が反映されたことにより，利益剰余金の期首残高は39,639百万円減少しています。

　（時価の算定に関する会計基準等の適用）

　「時価の算定に関する会計基準」（企業会計基準第30号2019年7月4日。以下「時価算定会計基準」という。）等を当連結会計年度の期首から適用し，時価算定会計基準第19項及び「金融商品に関する会計基準」（企業会計基準第10号2019年7月4日）第44-2項に定める経過的な取扱いに従って，時価算定会計基準等が定める新たな会計方針を，将来にわたって適用することとしています。なお，連結財務諸表に与える影響はありません。

　当連結会計年度（自　2022年4月1日　至　2023年3月31日）

　（連結の範囲に関する事項）

　株式追加取得等により4社を連結の範囲に含め，第三者割当増資により1社を連結の範囲から除外しています。

　（持分法適用の範囲の変更）

　新規設立等により2社を持分法適用の範囲に含め，株式追加取得による連結子会社化により2社を持分法適用の範囲から除外しています。

　（米国財務会計基準審議会会計基準編纂書（ASC）第842号「リース」の適用）

　米国会計基準を適用する在外子会社において，当連結会計年度の期首からASC第842号「リース」を適用しています。これにより，原則として借手におけるすべてのリースを連結貸借対照表に資産及び負債として計上しています。また，適用にあたっては経過措置として認められている累積的影響額を適用開始日に認識する方法を採用しています。

　この結果，当連結会計年度における要約連結貸借対照表は，「有形固定資産」

が19,823百万円,「流動負債」が3,834百万円,「固定負債」が16,802百万円それぞれ増加しています。なお,当連結会計年度における連結損益計算書に与える影響は軽微です。

(9) 経営成績等の状況の概要に係る主要な項目における差異に関する情報……

　IFRSにより作成した連結財務諸表における主要な項目と,日本基準により作成した場合の連結財務諸表におけるこれらに相当する項目との差異に関する事項は,以下のとおりです。

　前連結会計年度(自　2021年4月1日　至　2022年3月31日)

　「第5　経理の状況　1　連結財務諸表等(1)連結財務諸表注記事項33. 初度適用」に記載のとおりです。

　当連結会計年度(自　2022年4月1日　至　2023年3月31日)

　(債権流動化取引に係る調整)

　日本基準では債権流動化取引について認識を中止していた一部の営業債権について,IFRSでは認識の中止の要件を満たさないため営業債権の認識の中止を行わず「契約資産」等として認識するとともに,債権流動化に伴う支払債務を流動負債及び非流動負債の「社債,借入金及びその他の金融負債」として認識しています。

　この結果,IFRSに基づく連結財政状態計算書では,「契約資産」等が158,428百万円,流動負債及び非流動負債の「社債,借入金及びその他の金融負債」が158,428百万円増加しています。

　(有形固定資産及び無形資産に係る調整)

　日本基準では開発費を研究開発費として発生時に「販売費及び一般管理費」として費用処理するとともに,新製品及び新機種の量産化に係る費用等の一部は「仕掛品」として計上していました。IFRSでは開発費の資産化の要件を満たすものについては,「無形資産」として計上しています。また,日本基準では研究開発費として発生時に「販売費及び一般管理費」として費用処理していた一部の費用について,IFRSでは資産計上要件を満たすため「有形固定資産」として計上しています。なお,IFRSでは資産の取得に対する政府補助金以外による圧縮記帳が認

められないため，日本基準において直接減額方式で処理していたものを取り消しています。

　この結果，IFRSに基づく連結財政状態計算書では，「有形固定資産」が9,550百万円，「無形資産」が41,696百万円増加，「棚卸資産」が40,886百万円が減少しています。

　（使用権資産及びリース負債に係る調整）

　日本基準ではファイナンス・リース取引を除き，リース料の発生時点で費用計上をしていますが，IFRSではリース取引開始日時点で，将来のリース料に基づいてその現在価値を測定し，「使用権資産」及び「リース負債」として計上しています。なお，「リース負債」は流動負債及び非流動負債の「社債，借入金及びその他の金融負債」に含めて表示しています。

　この結果，IFRSに基づく連結財政状態計算書では，「使用権資産」が38,817百万円，流動負債及び非流動負債の「社債，借入金及びその他の金融負債」が44,613百万円増加しています。

　（税効果に係る調整）

　IFRSの適用に伴い，すべての繰延税金資産の回収可能性を再検討したため，「繰延税金資産」及び「繰延税金負債」が増減しています。また，未実現損益の消去に伴う税効果について，日本基準では売却元の税率を使用していましたが，IFRSでは売却先の税率を使用して算定しています。

　この結果，IFRSに基づく連結財政状態計算書では，「繰延税金資産」が12,589百万円，「繰延税金負債」が20百万円増加しています。

設備の状況

1 設備投資等の概要

　当社グループでは，主にパワースポーツ＆エンジン事業での増産対応のための設備や航空宇宙システム事業及び精密機械・ロボット事業での生産合理化対応のための設備を中心に設備投資を実施しました。その結果，当連結会計年度の設備投資額は，963億円（無形資産及び使用権資産に係るものを含む）となりました。

　各セグメントにおける主な投資内容は以下のとおりです。

（単位：億円）

セグメントの名称	設備などの主な内容・目的	2022年度投資金額
航空宇宙システム	航空機及び民間航空エンジン等の生産合理化対応設備など	170
車両	車両の生産合理化対応設備など	22
エネルギーソリューション＆マリン	産業機械の増産対応設備など	75
精密機械・ロボット	油圧機器及び産業用ロボットの生産合理化対応設備など	258
パワースポーツ＆エンジン	パワースポーツ製品の新機種・新製品の増産対応設備など	272
その他	新事業関連設備及び情報設備など	164
合　計	－	963

（注）1. 所要資金については，自己資金，借入金等によります。
　　　2. その他事業には，全社共通設備を含みます。

2 主要な設備の状況

（1） 提出会社 ···

事業所名 （所在地）	セグメントの 名称	設備の内容	帳簿価額（百万円）						従業員数 （名）	摘要
			建物及び 構築物等	機械装置 及び運搬具等	土地 (面積千㎡)	リース 資産	工具、器具 及び備品	合計		
明石工場 （兵庫県明石市）	航空宇宙シス テム事業、エ ネルギーソリ ューション＆ マリン事業、 精密機械・ロ ボット事業	航空エンジ ン・産業用ロ ボット等製造 設備	21,054	11,157	905 (538)	－	3,662	37,181	2,667	
		その他設備	10,453	1,135	21 (169)	－	1,220	12,830		
岐阜工場 （岐阜県各務原市）	航空宇宙シス テム事業	航空機 製造設備	34,360	26,591	2,697 (726)	－	9,491	73,141	3,687	注3
		その他設備	105	－	125 (16)	1,141	1	1,374		
名古屋第一工場 （愛知県弥富市）	航空宇宙シス テム事業	航空機 製造設備	17,254	15,372	3,565 (71)	－	7,999	44,192		注3
名古屋第二工場 （愛知県海部郡 飛島村）	航空宇宙シス テム事業	航空機 製造設備	52	378	－	－	835	1,266		注3
西神工場 （兵庫県神戸市 西区）	航空宇宙シス テム事業	航空エンジン 製造設備	3,327	7,936	4,419 (100)	－	610	16,293	413	
神戸工場 （兵庫県神戸市 中央区）	エネルギーソ リューション ＆マリン事業	船舶等 建造設備	21,321	9,445	889 (339)	－	1,586	33,252	3,207	
		その他設備	137	21	81 (1)	－	397	638		
播磨工場 （兵庫県加古郡 播磨町）	エネルギーソ リューション ＆マリン事業	鉄構製品等 製造設備	4,989	4,236	3,144 (459)	－	369	12,740	346	
坂出工場 （香川県坂出市）	エネルギーソ リューション ＆マリン事業	船舶等 建造設備	0	4	0 (915)	－	23	27	959	
西神戸工場 （兵庫県神戸市 西区）	精密機械・ロ ボット事業	油圧機器等 製造設備	10,206	10,110	2,910 (330)	－	4,972	28,200	1,244	
神戸本社 （兵庫県神戸市 中央区）	全社	その他設備	1,008	56	1,614 (194)	6,537	1,233	10,451	389	注4
東京本社 （東京都港区）	全社	その他設備	1,179	44	959 (164)	－	473	2,656	750	注5
合計	－	－	125,451	86,890	21,346 (4,022)	7,678	32,881	274,248	13,662	

（注） 1. 上記の帳簿価額は、日本基準に基づく個別財務諸表の帳簿価額を記載しています。

2. 上記の帳簿価額には、建設仮勘定並びに無形固定資産の金額は含みません。

3. 名古屋第一工場・名古屋第二工場の従業員数は岐阜工場に含みます。

4. 神戸本社には、中部・関西・中国・九州・沖縄支社、寮社宅等福利厚生施設他を含みます。

5. 東京本社には、海外事務所、北海道・東北支社他を含みます。

(2) 国内子会社

会社名	事業所名(所在地)	セグメントの名称	設備の内容	帳簿価額(百万円)						従業員数(名)	摘要
				建物及び構築物等	機械装置及び運搬具等	土地(面積千㎡)	リース資産	工具、器具及び備品	合計		
日本飛行機㈱	横浜工場(神奈川県横浜市金沢区)	航空宇宙システム事業	航空機製造設備	2,564	4,085	649(161)	–	280	7,579	533	
	厚木工場(神奈川県大和市)		航空機修理設備	5,010	1,251	341(73)	–	294	6,899	495	
川崎車両㈱	兵庫工場(兵庫県神戸市兵庫区)	車両事業	鉄道車両製造設備	818	634	8,542(219)	–	256	10,252	1,475	
	播磨工場(兵庫県加古郡播磨町)			154	309		–	106	571	84	
カワサキモータース㈱	明石工場(兵庫県明石市)	パワースポーツ&エンジン事業	二輪車等製造設備	961	5,415	1,616(2,503)	170	2,124	10,288	2,067	注2
	加古川工場(兵庫県加古川市)			354	369	79(48)	–	237	1,040	81	

(注) 1. 上記の帳簿価額は，日本基準に基づく個別財務諸表の帳簿価額を記載しています。

2. 上記の帳簿価額には，建設仮勘定並びに無形固定資産の金額は含みません。

3. カワサキモータース(株)明石工場には，西日本地区に複数保有する開発用テストコース他を含みます。

(3) 在外子会社

会社名	事業所名(所在地)	セグメントの名称	設備の内容	帳簿価額(百万円)						従業員数(名)	摘要
				建物及び構築物等	機械装置及び運搬具等	土地(面積千㎡)	使用権資産	工具、器具及び備品	合計		
Kawasaki Motors Manufacturing Corp., U.S.A.	リンカーン工場(米国ネブラスカ州)	航空宇宙システム事業、車両事業、パワースポーツ&エンジン事業	航空機・鉄道車両・四輪バギー車等製造設備	5,889	5,853	188(1,343)	–	519	12,451	2,133	
	メアリービル工場(米国ミズーリ州)		エンジン製造設備	3,644	7,267	13(472)		42	10,968	831	
Kawasaki Motors Enterprise (Thailand) Co., Ltd.	ラヨーン工場(タイラヨーン県)	パワースポーツ&エンジン事業、精密機械・ロボット事業	二輪車等製造設備	1,561	5,299	1,431(279)	–	107	8,399	1,806	
	バンコク事業所(タイバンコク)		その他設備	73	29	–(-)	–	12	114	47	

（注）1. 上記の帳簿価額は，IFRSに基づく金額を記載しています。

　　　2. 上記の帳簿価額には，建設仮勘定並びに無形資産の金額は含みません。

3　設備の新設，除却等の計画

（1）　重要な設備の新設等 ‥‥‥‥‥‥‥‥‥‥‥‥‥‥‥‥‥‥‥‥‥‥‥

　当社グループの当連結会計年度終了後1年間の設備投資については，増産対応のための設備及び生産合理化対応のための設備を中心に約1,250億円（無形資産及び使用権資産に係るものを含む）を計画しています。

　各セグメントの計画内容は次のとおりです。

（単位：億円）

セグメントの名称	設備などの主な内容・目的	2023年度 計画金額
航空宇宙システム	航空機及び民間航空エンジンの生産合理化対応設備など	280
車両	車両の増産対応設備など	30
エネルギーソリューション＆マリン	産業機械の増産対応設備など	80
精密機械・ロボット	油圧機器及び産業用ロボットの生産合理化対応設備など	240
パワースポーツ＆エンジン	パワースポーツ製品の増産対応設備など	510
その他	工場共通設備及び情報設備など	110
合　計	－	1,250

（注）1. 所要資金については，自己資金，借入金等により賄う予定です。

　　　2. その他事業には，全社共通設備を含みます。

（2）　重要な設備の除却等 ‥‥‥‥‥‥‥‥‥‥‥‥‥‥‥‥‥‥‥‥‥‥‥

　重要な設備の除却等の計画はありません。

1 株式等の状況

(1) 株式の総数等 ·····························

① 株式の総数

種類	発行可能株式総数(株)
普通株式	336,000,000
計	336,000,000

② 発行済株式

種類	事業年度末現在発行数(株)(2023年3月31日)	提出日現在発行数(株)(2023年6月28日)	上場金融商品取引所名又は登録認可金融商品取引業協会名	内容
普通株式	167,921,800	167,921,800	東京証券取引所プライム市場 名古屋証券取引所プレミア市場	権利内容に何ら限定のない当社における標準となる株式であり、単元株式数は100株です。
計	167,921,800	167,921,800	―	―

■ 経理の状況

1　連結財務諸表及び財務諸表の作成方法について ······························

(1)　当社の連結財務諸表は，「連結財務諸表の用語，様式及び作成方法に関する規則」（昭和51年大蔵省令第28号。以下，「連結財務諸表規則」という。）第93条の規定により，国際会計基準（以下，「IFRS」という。）に準拠して作成しています。

(2)　当社の財務諸表は，「財務諸表等の用語，様式及び作成方法に関する規則」（昭和38年大蔵省令第59号。以下，「財務諸表等規則」という。）に基づいて作成しています。

　　また，当社は，特例財務諸表提出会社に該当し，財務諸表等規則第127条の規定により財務諸表を作成しています。

2　監査証明について ···

当社は，金融商品取引法第193条の2第1項の規定に基づき，連結会計年度（2022年4月1日から2023年3月31日まで）の連結財務諸表及び事業年度（2022年4月1日から2023年3月31日まで）の財務諸表について，有限責任あずさ監査法人による監査を受けています。

3　連結財務諸表等の適正性を確保するための特段の取組みについて ············

当社は，会計基準等の内容を適切に把握し，会計基準等の変更等について連結財務諸表等に的確に反映する体制を構築するため，公益財団法人財務会計基準機構へ加入し，セミナーへ参加しています。

4　IFRSに基づいて連結財務諸表等を適正に作成することができる体制の整備 ··

当社は，国際会計基準審議会が公表するプレスリリースや基準書を随時入手し，最新の基準の把握を行っています。また，IFRSに準拠したグループ会計マニュアルを作成し，IFRSに基づいて連結財務諸表等を適正に作成することができる体制の整備を行っています。

(1) 連結財務諸表 ···

① 【連結財政状態計算書】

(単位：百万円)

	注記番号	移行日 （2021年4月1日）	前連結会計年度 （2022年3月31日）	当連結会計年度 （2023年3月31日）
資産				
流動資産				
現金及び現金同等物	6, 21	122,166	108,511	138,420
営業債権及びその他の債権	7, 16, 21, 24, 31	355,061	409,246	470,398
契約資産	16, 21, 24	148,523	109,132	159,422
棚卸資産	8, 24	565,860	615,476	690,431
未収法人所得税		3,482	3,046	551
その他の金融資産	13, 21	6,660	10,606	10,741
その他の流動資産	25	23,110	64,184	100,385
流動資産合計		1,224,865	1,320,204	1,570,350
非流動資産				
有形固定資産	9, 11	449,155	444,375	451,010
無形資産	10, 11	62,510	61,940	66,248
使用権資産	11, 12	55,504	58,524	68,422
持分法で会計処理されている投資	23	73,464	70,438	77,440
その他の金融資産	13, 21	69,913	70,752	70,224
繰延税金資産	14	106,430	102,209	110,264
その他の非流動資産	11, 17, 25	48,835	46,183	43,763
非流動資産合計	4	865,814	854,425	887,374
資産合計		2,090,679	2,174,630	2,457,725

	注記番号	移行日 (2021年4月1日)	前連結会計年度 (2022年3月31日)	当連結会計年度 (2023年3月31日)
負債及び資本				
負債				
流動負債				
営業債務及びその他の債務	15, 21	418,070	399,892	452,250
社債、借入金及びその他の金融負債	16, 21	266,724	208,773	340,176
未払法人所得税		4,753	8,506	18,071
契約負債	24, 31	159,476	256,189	256,247
引当金	18	26,918	24,409	22,897
その他の流動負債	25	116,244	161,951	219,019
流動負債合計		992,187	1,059,723	1,308,661
非流動負債				
社債、借入金及びその他の金融負債	16, 21	478,002	458,068	445,082
退職給付に係る負債	17	115,218	107,024	91,552
引当金	18	7,082	4,136	1,942
繰延税金負債	14	1,038	1,382	833
その他の非流動負債	25	17,504	19,403	12,779
非流動負債合計		618,847	590,014	552,190
負債合計		1,611,034	1,649,738	1,860,852
資本				
資本金	19	104,484	104,484	104,484
資本剰余金	19	54,542	55,525	55,716
利益剰余金	19	299,409	320,671	380,255
自己株式	19	△136	△1,129	△1,107
その他の資本の構成要素	19, 20	3,846	25,931	36,852
親会社の所有者に帰属する持分合計		462,146	505,484	576,201
非支配持分		17,498	19,407	20,670
資本合計		479,645	524,891	596,872
負債及び資本合計		2,090,679	2,174,630	2,457,725

② 【連結損益計算書及び連結包括利益計算書】

【連結損益計算書】

	注記番号	前連結会計年度 （自 2021年4月1日 至 2022年3月31日）	当連結会計年度 （自 2022年4月1日 至 2023年3月31日）
売上収益	24, 31	1,500,879	1,725,609
売上原価	8, 9, 10, 11, 17	1,247,615	1,391,787
売上総利益		253,263	333,822
販売費及び一般管理費	9, 10, 12, 17, 26	211,134	252,311
持分法による投資損益（△は損失）	23	△14,410	3,314
その他の収益	27	6,795	4,850
その他の費用	27	4,147	7,320
事業利益		30,366	82,355
金融収益	21, 28	2,556	2,291
金融費用	12, 21, 28	5,251	14,297
税引前利益		27,670	70,349
法人所得税費用	14	12,834	15,058
当期利益		14,836	55,290
当期利益の帰属			
親会社の所有者		12,638	53,029
非支配持分		2,198	2,261

	注記番号	前連結会計年度	当連結会計年度
1株当たり当期利益	30		
基本的1株当たり当期利益		75.51	316.63

【連結包括利益計算書】

（単位：百万円）

	注記番号	前連結会計年度 （自 2021年4月1日 至 2022年3月31日）	当連結会計年度 （自 2022年4月1日 至 2023年3月31日）
当期利益		14,836	55,290
その他の包括利益			
純損益に振り替えられることのない項目：			
その他の包括利益を通じて公正価値で測定する金融資産	20, 21	2,350	△363
確定給付制度の再測定	17, 20	10,281	14,353
持分法適用会社におけるその他の包括利益に対する持分	20, 23	△1	0
純損益に振り替えられることのない項目合計		12,630	13,989
純損益に振り替えられる可能性のある項目：			
キャッシュ・フロー・ヘッジ	20, 21	△125	1,932
在外営業活動体の換算差額	20	13,680	10,112
持分法適用会社におけるその他の包括利益に対する持分	20, 23	9,220	508
純損益に振り替えられる可能性のある項目合計		22,775	12,553
その他の包括利益合計		35,405	26,542
当期包括利益		50,241	81,833

当期包括利益の帰属			
親会社の所有者		47,186	78,785
非支配持分		3,055	3,048

③ 【連結持分変動計算書】

前連結会計年度（自 2021年4月1日 至 2022年3月31日）（単位：百万円）

	注記番号	親会社の所有者に帰属する持分					
						その他の資本の構成要素	
		資本金	資本剰余金	利益剰余金	自己株式	確定給付制度の再測定	その他の包括利益を通じて公正価値で測定する金融資産
2021年4月1日残高		104,484	54,542	299,409	△136	–	4,025
当期利益				12,638			
その他の包括利益	20					10,224	2,343
当期包括利益合計				12,638		10,224	2,343
新株の発行	19		1,916				
自己株式の取得	19				△994		
自己株式の処分	19		2		1		
自己株式処分差損の振替			0	△0			
配当	19			△3,357			
利益剰余金への振替				12,158		△10,224	△1,933
連結範囲の変動							
子会社の支配喪失に伴う変動							
非支配株主との取引に係る親会社の持分変動			△936				
非金融資産への振替							
その他				△177			
所有者との取引額等合計			982	8,623	△992	△10,224	△1,933
2022年3月31日残高		104,484	55,525	320,671	△1,129	–	4,435

	注記番号	親会社の所有者に帰属する持分			合計	非支配持分	資本合計
		その他の資本の構成要素					
		キャッシュ・フロー・ヘッジ	在外営業活動体の換算差額	合計			
2021年4月1日残高		△179	–	3,846	462,146	17,498	479,645
当期利益					12,638	2,198	14,836
その他の包括利益	20	200	21,779	34,548	34,548	857	35,405
当期包括利益合計		200	21,779	34,548	47,186	3,055	50,241
新株の発行	19				1,916		1,916
自己株式の取得	19				△994		△994
自己株式の処分	19				3		3
自己株式処分差損の振替					–		–
配当	19				△3,357	△936	△4,294
利益剰余金への振替				△12,158	–		–
連結範囲の変動						795	795
子会社の支配喪失に伴う変動							–
非支配株主との取引に係る親会社の持分変動					△936	△1,004	△1,940
非金融資産への振替		△305		△305	△305		△305
その他			0	0	△176		△176
所有者との取引額等合計		△305	0	△12,463	△3,849	△1,145	△4,995
2022年3月31日残高		△284	21,780	25,931	505,484	19,407	524,891

当連結会計年度（自　2022年4月1日　至　2023年3月31日）（単位：百万円）

	注記番号	親会社の所有者に帰属する持分				その他の資本の構成要素	
		資本金	資本剰余金	利益剰余金	自己株式	確定給付制度の再測定	その他の包括利益を通じて公正価値で測定する金融資産
2022年4月1日残高		104,484	55,525	320,671	△1,129	–	4,435
当期利益				53,029			
その他の包括利益	20					14,235	△370
当期包括利益合計				53,029		14,235	△370
新株の発行	19						
自己株式の取得	19				△4		
自己株式の処分	19		△0		26		
自己株式処分差損の振替			0	△0			
配当	19			△8,394			
利益剰余金への振替				14,191		△14,235	43
連結範囲の変動							
子会社の支配喪失に伴う変動							
非支配株主との取引に係る親会社の持分変動			190				
非金融資産への振替							
その他				756			
所有者との取引額等合計			190	6,554	22	△14,235	43
2023年3月31日残高		104,484	55,716	380,255	△1,107	–	4,109

	注記番号	親会社の所有者に帰属する持分			合計	非支配持分	資本合計
		その他の資本の構成要素					
		キャッシュ・フロー・ヘッジ	在外営業活動体の換算差額	合計			
2022年4月1日残高		△284	21,780	25,931	505,484	19,407	524,891
当期利益					53,029	2,261	55,290
その他の包括利益	20	1,603	10,286	25,755	25,755	787	26,542
当期包括利益合計		1,603	10,286	25,755	78,785	3,048	81,833
新株の発行	19						–
自己株式の取得	19				△4		△4
自己株式の処分	19				26		26
自己株式処分差損の振替							
配当	19				△8,394	△964	△9,358
利益剰余金への振替				△14,191	–		
連結範囲の変動						366	366
子会社の支配喪失に伴う変動						△2,079	△2,079
非支配株主との取引に係る親会社の持分変動					190	891	1,082
非金融資産への振替		△643		△643	△643		△643
その他					756		756
所有者との取引額等合計		△643		△14,834	△8,067	△1,785	△9,852
2023年3月31日残高		676	32,066	36,852	576,201	20,670	596,872

④ 【連結キャッシュ・フロー計算書】

(単位：百万円)

	注記番号	前連結会計年度 (自 2021年4月1日 至 2022年3月31日)	当連結会計年度 (自 2022年4月1日 至 2023年3月31日)
営業活動によるキャッシュ・フロー			
当期利益		14,836	55,290
減価償却費及び償却費		76,998	77,374
減損損失		728	4,606
金融収益及び金融費用		2,172	7,312
持分法による投資損益(△は益)		14,410	△3,314
固定資産売却損益(△は益)		△554	1,042
法人所得税費用		12,834	15,058
退職給付に係る負債の増減額(△は減少)		4,778	1,281
営業債権及びその他の債権の増減額(△は増加)		△38,213	△59,334
契約資産の増減額(△は増加)		39,412	△50,291
棚卸資産の増減額(△は増加)		△37,984	△64,217
営業債務及びその他の債務の増減額(△は減少)		△11,848	42,213
前渡金の増減額(△は増加)		△31,707	△28,508
契約負債の増減額(△は減少)		92,072	△3,730
その他流動負債の増減額(△は減少)		40,939	43,231
その他		△8,122	5,962
小計		170,751	43,975
利息の受取額		1,755	3,328
配当金の受取額		865	332
利息の支払額		△4,318	△5,005
法人所得税等の支払額		△12,164	△19,013
営業活動によるキャッシュ・フロー		156,890	23,617
投資活動によるキャッシュ・フロー			
有形固定資産の取得による支出		△58,943	△58,943
有形固定資産の売却による収入		2,929	2,180
無形資産の取得による支出		△8,700	△11,001
持分法投資及びその他の金融資産の取得による支出		△2,042	△6,702
持分法投資及びその他の金融資産の売却による収入		6,347	160
子会社の取得による支出		－	△648
子会社の支配喪失による減少額		－	△3,224
子会社の取得による収入		489	－
その他		1,522	722
投資活動によるキャッシュ・フロー		△58,396	△77,457

	注記番号	前連結会計年度 （自　2021年4月1日 至　2022年3月31日）	当連結会計年度 （自　2022年4月1日 至　2023年3月31日）
財務活動によるキャッシュ・フロー			
短期借入金の純増減額（△は減少）	16	△74,247	36,664
リース負債の返済による支出	12, 16	△13,436	△14,545
長期借入による収入	16	15,500	18,500
長期借入金の返済による支出	16	△17,001	△21,987
社債の発行による収入	16	10,000	9,000
社債の償還による支出	16	△30,000	△20,000
配当金の支払額	19	△3,384	△8,383
債権流動化による収入	16	62,749	130,662
債権流動化の返済による支出	16	△56,186	△37,861
非支配持分株主への配当金の支払額		△913	△964
その他		△1,983	△5,777
財務活動によるキャッシュ・フロー		△108,904	85,305
現金及び現金同等物の為替変動による影響		△3,244	△1,556
現金及び現金同等物の増減額（△は減少）		△13,654	29,909
現金及び現金同等物の期首残高	6	122,166	108,511
現金及び現金同等物の期末残高	6	108,511	138,420

【連結財務諸表注記】

1. 報告企業 ···

　川崎重工業株式会社（以下，「当社」とする）は日本に所在する企業です。当社の連結財務諸表は2023年3月31日を期末日とし，当社及びその子会社（以下，「当社グループ」とする），並びに当社グループの関連会社及び共同支配企業に対する持分により構成されます。当社グループは，当社を中心として航空宇宙システム事業，車両事業，エネルギーソリューション＆マリン事業，精密機械・ロボット事業，パワースポーツ＆エンジン事業及びその他事業を営んでいます。

2. 作成の基礎 ···

（1）連結財務諸表がIFRSに準拠している旨の記載 ·································

　当社グループの連結財務諸表は，連結財務諸表規則第1条の2に掲げる「指定国際会計基準特定会社」の要件をすべて満たすことから，第93条の規定により，IFRSに準拠して作成しています。

　この連結財務諸表は当社グループがIFRSに従って作成する最初の連結財務諸

---

point **財務諸表**

　この項目では，連結ではなく単体の貸借対照表と，損益計算書の内訳を確認することができる。連結＝単体＋子会社なので，会社によっては単体の業績を調べて連結全体の業績予想のヒントにする場合があるが，あまりその必要性がある企業は多くない。

表であり，IFRSへの移行日は2021年4月1日です。また，当社グループは
IFRS第1号「国際財務報告基準の初度適用」（以下，「IFRS第1号」とする）を適
用しています。IFRSへの移行が，財政状態，経営成績及びキャッシュ・フロー
の状況に与える影響は注記33.「初度適用」に記載しています。

　連結財務諸表は，2023年6月28日に取締役会により承認されています。

（2）　測定の基礎

　当社グループの連結財務諸表は、注記「3．重要な会計方針」に記載している
金融商品及び確定給付負債（資産）等を除き、取得原価を基礎として作成している。

（3）　機能通貨及び表示通貨

　連結財務諸表は当社の機能通貨である日本円を表示通貨としており，別段の記
載がない限り百万円未満を切捨てして表示しています。

（4）　重要な会計上の見積り及び判断の利用

　IFRSに準拠した連結財務諸表の作成において，経営者は，会計方針の適用並
びに資産，負債，収益及び費用の報告額に影響を及ぼす判断，見積り及び仮定の
設定を行うことが義務付けられています。実際の業績はこれらの見積りとは異な
る場合があります。見積り及びその基礎となる仮定は継続して見直しています。
会計上の見積りの見直しによる影響は，その見積りを見直した会計期間と将来の
会計期間において認識しています。

　連結財務諸表上で認識する金額に重要な影響を与える見積り及び会計方針の適
用に関する判断は，以下のとおりです。

- ・非金融資産の減損（注記3.（9）「非金融資産の減損」，注記11.「非金融資
産の減損」）
- ・引当金（注記3.（12）「引当金」，注記18.「引当金」）
- ・収益（注記3.（14）「収益」，注記24.「収益」）
- ・法人所得税（注記3.（16）「法人所得税」，注記14.「繰延税金及び法人所得
税」）

（5）　未適用の公表済み基準書及び解釈指針

　連結財務諸表の承認日までに新設又は改訂が公表された基準書及び解釈指針の
うち，重要な影響があるものはありません。

3. 重要な会計方針 ………………………………………………………………………

　以下に記載されている会計方針は，他の記載がない限り，これらの連結財務諸表及びIFRSへの移行を目的とした2021年4月1日のIFRS開始財政状態計算書の作成において，表示されているすべての期間について継続的に適用しています。

(1)　連結の基礎 ………………………………………………………………………

① 子会社

　　子会社とは，当社グループが支配する企業をいいます。

　　当社グループが，企業への関与により生じる投資企業のリターンが，被投資企業の業績の結果によって変動する可能性があり，かつ投資先に対するパワーによりリターンに影響を及ぼす能力を有している場合に投資先を支配しています。

　　子会社の財務諸表は，支配開始日から支配終了日までの間，連結財務諸表に含めています。子会社が適用する会計方針が当社グループの運用する会計方針と異なる場合には，当該連結子会社の財務諸表を調整しています。当社グループ内の債権債務残高及び取引，並びに当社グループ内取引によって発生した未実現損益は，連結財務諸表の作成に際して消去しています。

　　支配を喪失しない子会社に対する当社グループの所有持分の変動は，資本取引として会計処理しています。当社グループの持分及び非支配持分の帳簿価額は，子会社に対する持分の変動を反映して調整していますが，非支配持分の調整額と受取対価の公正価値との差額は，親会社の所有者に帰属する持分として資本に直接認識しています。支配を喪失した場合には，支配の喪失から生じた利得及び損失は純損益で認識しています。

② 関連会社

　　関連会社とは，当社グループがその財務及び経営方針に対して重要な影響力を有しているものの，支配はしていない企業をいいます。

　　関連会社に対する投資は，取得時に取得原価で認識し，その後は持分法を用いて会計処理しています。投資の取得原価には取引コストを含めています。

　　連結財務諸表には，他の株主との関係等により，決算日を親会社の決算日に統一することが実務上不可能であるため，親会社の決算日と異なる持分法適用

会社に対する投資を含めています。当該持分法適用会社の決算日の差異は3ヶ月を超えることはありません。決算日の差異により生じる期間の重要な取引又は事象については必要な調整を行った上で持分法を適用しています。持分法適用会社が適用する会計方針が当社グループの運用する会計方針と異なる場合には，当該持分法適用会社の財務諸表を調整しています。

　損失に対する当社グループの持分が持分法適用会社に対する投資を上回った場合には，長期持分を含めたその投資の帳簿価額をゼロまで減額しています。当社グループが投資先に代わって債務を負担又は支払いを行う場合を除き，それ以上の損失は認識していません。

③　共同支配の取決め

　共同支配の取決めは，当社グループが共同支配（取決めのリターンに重要な影響を及ぼす活動に関する意思決定が，全員一致の合意を必要とする場合にのみ存在する）を有する取決めです。当社グループでは，共同支配の取決めとして共同支配企業があり，当社グループが取決めの純資産に対する権利のみを有する場合，関連会社と同様に，持分法を用いて会計処理しています。

④　企業結合

　企業結合は，取得法で会計処理しています。のれんは，移転した対価と被取得企業の非支配持分の金額の合計が，取得日における識別可能な取得資産及び引受負債の公正価値の正味価額を上回る場合にその超過額として測定しています。その差額が負の金額である場合には，即時に純利益として認識しています。負債又は持分証券の発行に関連するものを除いて，企業結合に関連して当社グループに発生する取得関連コストは発生時に費用処理しています。

(2)　外貨換算 ··

①　外貨建取引

　外貨建取引は，当初認識時に，取引日の為替レート又はそれに近似するレートで各社の機能通貨に換算しています。

　期末日における外貨建貨幣性資産・負債は，期末日の為替レートで機能通貨に換算しています。外貨建非貨幣性項目のうち，取得原価で測定されているも

のは取引日の為替レート又はそれに近似するレートで，公正価値で測定されるものは，当該公正価値の測定日における為替レートで機能通貨に換算しています。

　換算及び決済によって発生した為替差額は，純損益として認識しています。ただし，非貨幣性項目の利得又は損失がその他の包括利益に認識される場合は，当該為替差額もその他の包括利益に認識しています。

② 在外営業活動体

　在外営業活動体の資産・負債は，取得により発生したのれん及び公正価値の調整を含め，期末日の為替レートで日本円に換算しています。在外営業活動体の収益及び費用は，為替レートの著しい変動がない限り，期中平均為替レートを用いて日本円に換算しています。

　為替換算差額はその他の包括利益で認識しています。当社グループのIFRS移行日である2021年4月1日以降，当該差額は在外営業活動体の換算差額で認識しています。

　在外営業活動体の一部又はそのすべてが処分され，支配又は重要な影響力を喪失した場合には，その他の資本の構成要素に認識した累積換算差額を純損益に振り替えています。

(3) 金融商品 ･･

① 非デリバティブ金融資産

　金融資産は，償却原価で測定する金融資産，その他の包括利益を通じて公正価値で測定する金融資産及び純損益を通じて公正価値で測定する金融資産に分類しています。金融資産は，契約の当事者となった時点で認識しています。通常の方法で売買される金融資産は取引日に認識しています。

　金融資産からのキャッシュ・フローに対する契約上の権利が消滅した場合，又は金融資産のキャッシュ・フローを受け取る契約上の権利を譲渡し，当該金融資産の所有に係るリスクと経済価値のほとんどすべてが移転している場合において，金融資産の認識を中止しています。

（i）償却原価で測定する金融資産

以下の要件をいずれも満たす金融資産を，償却原価で測定する金融資産に分類しています。

(a) 当該金融資産が，契約上のキャッシュ・フローを回収するために金融資産を保有することを目的とする事業モデルの中で保有されている

(b) 金融資産の契約条件により，元本及び元本残高に対する利息の支払いのみであるキャッシュ・フローが特定の日に生じる

　償却原価で測定する金融資産は，当初認識時にその取得に直接起因する取引コストを公正価値に加算して測定しています。ただし，重要な金融要素を含まない営業債権は取引価格で当初測定しています。また，当初認識後は，実効金利法を用いて償却原価で測定しています。

(ⅱ) その他の包括利益を通じて公正価値で測定する金融資産

　償却原価で測定する金融資産以外の金融資産は公正価値で測定する金融資産に分類しています。公正価値で測定する金融資産のうち，売買目的で保有していない資本性金融商品への投資については，公正価値の事後的な変動をその他の包括利益に表示するという取消不能の選択を行うことが認められており，当社グループでは金融商品ごとに当該指定を行っています。

　その他の包括利益を通じて公正価値で測定する金融資産は，当初認識時にその取得に直接起因する取引コストを公正価値に加算して測定しています。また，当初認識後は，公正価値で測定し，その事後的な変動はその他の包括利益として認識しています。その他の包括利益として認識した公正価値の変動額は，認識を中止した場合にその累計額を利益剰余金に振り替えており，純損益には振り替えていません。なお，配当については純損益として認識しています。

(ⅲ) 純損益を通じて公正価値で測定する金融資産

　上記以外の金融資産は純損益を通じて公正価値で測定する金融資産に分類しています。純損益を通じて公正価値で測定する金融資産は，当初認識時に公正価値により測定し，その取得に直接起因する費用は，発生時に純損益で認識しています。また，当初認識後は，公正価値で測定し，その事後的な変動は純損益として認識しています。

② 金融資産の減損

　　償却原価で測定する金融資産，契約資産及びリース債権について，予想信用損失に係る引当金を認識しています。

　　報告日において，ある金融商品に関する信用リスクが当初認識以降に著しく増大している場合には，当該金融商品に係る引当金を，当該金融商品の存続期間にわたって発生する可能性のあるすべての債務不履行事象から生じる予想信用損失（存続期間にわたる予想信用損失）と同額で測定しています。

　　報告日において，ある金融商品に関する信用リスクが当初認識以降に著しくは増大していない場合には，当該金融商品に係る引当金を，報告日から12ヶ月以内に発生する可能性のある債務不履行事象によって生じる予想信用損失（12ヶ月の予想信用損失）と同額で測定しています。

　　ただし，営業債権，契約資産及びリース債権については，引当金を常に存続期間にわたる予想信用損失と同額で測定しています。

　　信用リスクの著しい増大の評価及び予想信用損失の測定の詳細については，注記21.「金融商品」に記載しています。

③ 非デリバティブ金融負債

　　非デリバティブ金融負債は，償却原価で測定する金融負債に分類しています。

　　償却原価で測定する金融負債は，当初認識時にその取得に直接起因する取引コストを公正価値に減算して測定しています。また，当初認識後は，実効金利法を用いて償却原価で測定しています。

　　金融負債は，契約の当事者となった時点で認識しています。

　　金融負債が消滅した場合，すなわち，契約中に特定した債務が履行により消滅，免責，取消，又は失効となった時に，かつ，その時にのみ，金融負債の認識を中止します。

④ デリバティブ取引及びヘッジ会計

　　当社グループは，通常の営業活動において，為替変動及び金利変動などの市場リスクに晒されています。これらのリスクを管理するため，当社グループは，原則として，リスクの純額を把握し，社内規程に則りデリバティブ取引を必要に応じて締結するなど，リスクを相殺する効果を有する取引を活用して市場リ

スクの軽減を図っています。当初のヘッジ指定時点において，当社グループは，リスク管理目的，ヘッジ取引を実行する際の戦略，及びヘッジ関係の有効性の評価方法を含む，ヘッジ手段とヘッジ対象の関係を正式に文書化しています。また，ヘッジ手段とヘッジ対象の経済的関係及びリスク管理方針に基づき適切なヘッジ比率を設定しています。

　当社グループでは，ヘッジ手段がヘッジ対象期間において関連するヘッジ対象の公正価値やキャッシュ・フローの変動に対して高度に相殺効果を有すると予想することが可能であるか否かについて，継続的に評価を実施しています。

　デリバティブは公正価値で当初認識しています。また，当初認識後は公正価値で測定し，その事後的な変動は以下のとおり処理しています。

（ⅰ）公正価値ヘッジ

　ヘッジ手段であるデリバティブの公正価値の変動は，純損益として認識しています。また，ヘッジされたリスクに対応するヘッジ対象の公正価値の変動については，ヘッジ対象の帳簿価額を修正して，純損益として認識しています。

（ⅱ）キャッシュ・フロー・ヘッジ

　ヘッジ手段であるデリバティブの公正価値の変動のうち，有効なヘッジと判定される部分は，その他の包括利益として認識し，累積額は，その他の資本の構成要素に含めています。また，ヘッジ効果が有効でない部分は，純損益として認識しています。その他の資本の構成要素に累積された金額は，ヘッジ対象である取引が純損益に影響を与える会計期間において，その他の資本の構成要素から純損益に振り替えています。ただし，予定取引のヘッジがその後において非金融資産又は非金融負債の認識を生じさせるものである場合には，その他の資本の構成要素に累積された金額は，当該非金融資産又は非金融負債の当初の帳簿価額の修正として処理しています。

　ヘッジ手段が失効，売却，終結又は行使された場合，ヘッジがヘッジ会計の要件を満たしていない場合には，ヘッジ会計を将来に向けて中止しています。予定取引の発生がもはや見込まれない場合には，その他の資本の構成要素に累積された金額は，即時にその他の資本の構成要素から純損益に振り替

えています。

（ⅲ）ヘッジ指定されていないデリバティブ

　　デリバティブの公正価値の変動は，純損益として認識しています。

(4)　現金及び現金同等物 ･･

　現金及び現金同等物は，手許現金，随時引き出し可能な預金及び容易に換金可能であり，かつ，価値の変動について僅少なリスクしか負わない取得日から3ヶ月以内に償還期限の到来する短期投資から構成されています。

(5)　棚卸資産 ･･･

　棚卸資産は，取得原価と正味実現可能価額のうちいずれか低い金額で測定しています。

　棚卸資産の取得原価は主として個別法，先入先出法，移動平均法に基づいて算定しており，棚卸資産の取得に係る費用，製造費及び加工費，並びに当該棚卸資産を現在の場所及び状態とするまでに要したその他の費用を含めています。

　正味実現可能価額は，通常の事業の過程における見積売価から，完成までに要する見積原価及び販売に要する見積費用を控除した額です。

(6)　有形固定資産 ･･･

①　認識及び測定

　有形固定資産は，原価モデルを採用し，取得原価から減価償却累計額及び減損損失累計額を控除した額で表示しています。

　取得原価には資産の取得に直接関連する費用，資産計上の要件を満たす借入費用並びに解体，除去及び原状回復費用を含めています。

　有形固定資産の処分損益は，処分により受け取る金額と有形固定資産の帳簿価額との差額により算出し，純損益で認識しています。

②　減価償却

　有形固定資産は，その資産が使用可能となった日から，減価償却しています。減価償却費は償却可能額をもとに算定しています。償却可能額は，資産の取得

原価から残存価額を差し引いて算出しています。土地等の償却を行わない資産を除き，有形固定資産は見積耐用年数にわたり，主に定額法で減価償却を行っています。主な見積耐用年数は以下のとおりです。

・建物及び構築物　　　　3～50年
・機械装置及び運搬具　　2～20年

　減価償却方法，耐用年数及び残存価額は，期末日ごとに見直しを行い，必要に応じて改定しています。

(7)　無形資産 ···

① 認識と測定

（ⅰ）開発費

　　開発活動には，新規の又は大幅に改良された製品又は工程を生み出すための計画又は設計を含めています。開発費は，以下の要件をすべて満たした場合のみ資産化しています。

・技術的実行可能性
・完了及び利用・売却意図
・使用・売却能力
・将来の経済的便益
・適切な資源の利用可能性
・信頼性のある測定

　　将来の経済的便益が流入する可能性を実証することができないため，研究局面に関する支出は資産化せず，発生時に費用として認識しています。

　　資産化される費用には，材料費，直接労務費，資産の意図した使用のための準備に直接関連する間接費用を含めています。その他の開発費は，発生時に費用として認識しています。

　　資産化された開発費は，原価モデルを採用し，取得原価から償却累計額及び減損損失累計額を差し引いて表示しています。

（ⅱ）ソフトウェア及びその他の無形資産

　　当社グループが取得したソフトウェア及びその他の無形資産で耐用年数を

確定できるものは，原価モデルを採用し，取得原価から償却累計額及び減損損失累計額を控除して計上しています。また，耐用年数を確定できないものは，取得原価から減損損失累計額を控除して計上しています。

（ⅲ）のれん

子会社の取得により生じたのれんは無形資産に計上しています。当初認識時におけるのれんの測定については，(1) ④「企業結合」に記載しています。のれんは，原価モデルを採用し，取得原価から減損損失累計額を控除して測定しています。持分法適用会社については，のれんの帳簿価額を投資の帳簿価額に含めています。

② 償却

のれん以外の耐用年数を確定できる無形資産は，その資産が使用可能となった日から見積耐用年数にわたって償却しています。償却方法は，開発費については開発対象の製品機種の生産台数に応じた生産高比例法，その他の無形資産については定額法によっています。

主な見積耐用年数は以下のとおりです。

・ソフトウェア　　　5年

・開発費　　　2〜10年

償却方法，耐用年数及び残存価額は，期末日ごとに見直しを行い，必要に応じて改定しています。

(8) リース

① 借手としてのリース

リースの開始日に使用権資産とリース負債を認識しています。使用権資産の測定においては原価モデルを採用し，リース開始日における取得原価から減価償却累計額及び減損損失累計額を控除した価額で表示しています。この取得原価は，リース負債の当初測定額に，開始日又はそれ以前に支払ったリース料を調整し，当初直接コスト，リース契約に基づき要求される解体，除去及び原状回復費用を含め，受領済みのリース・インセンティブを控除して測定しています。当初認識後，使用権資産は，開始日から使用権資産の耐用年数の終了時

又はリース期間の終了時のいずれか早い方の日まで，定額法により減価償却しています。

　リース負債は，開始日時点で支払われていないリース料をリースの計算利子率を用いて割り引いた現在価値で当初測定しています。リースの計算利子率が容易に算定できない場合には，当社グループの追加借入利子率を用いています。

　リース負債は，実効金利法により測定しています。各契約に原資産を購入するオプションやリース期間の延長，解約のオプションが付与されていて，そのオプションを行使する見通しに変化が生じた場合には，リース負債を再測定しています。

　なお，リース期間が12ヶ月以内の短期リース及び少額資産のリースについて，使用権資産及びリース負債を認識しないことを選択しており，これらのリースに係るリース料をリース期間にわたり定額法により費用として認識しています。

　当社グループは，財政状態計算書において，使用権資産は他の資産として区分し，リース負債を「社債，借入金及びその他の金融負債」に含めて表示しています。

② 　貸手としてのリース

　契約上，原資産の所有に伴う実質的なすべてのリスクと経済価値を借手に移転するリースは，ファイナンス・リースとして分類しています。ファイナンス・リース以外のリースは，オペレーティング・リースとして分類しています。

　ファイナンス・リース取引においては，正味リース投資未回収額をリース債権（「営業債権及びその他の債権」に含めて表示）として認識しています。未稼得金融収益はリース期間にわたり純投資額に対して一定率で配分し，その帰属する期間に収益認識しています。

　オペレーティング・リース取引においては，受取リース料は，リース期間にわたって定額法により収益として認識しています。

(9)　非金融資産の減損

　当社グループの有形固定資産及び無形資産等の帳簿価額は，期末日ごとに減損の兆候の有無を判断しています。

減損の兆候が存在する場合は，当該資産の回収可能価額を見積り，減損テストを実施しています。のれん及び耐用年数を確定できない，又は未だ使用可能ではない無形資産については，年に一度定期的に減損テストを行うほか，減損の兆候が存在する場合にはその都度，減損テストを実施しています。

　資産又は資金生成単位の回収可能価額は，使用価値と処分コスト控除後の公正価値のうちいずれか大きい方の金額としています。使用価値の算定において，見積り将来キャッシュ・フローは，貨幣の時間的価値及び当該資産に固有のリスクを反映した税引前の割引率を用いて現在価値に割り引いています。資金生成単位については，他の資産又は資産グループからのキャッシュ・イン・フローから概ね独立したキャッシュ・イン・フローを生成するものとして識別する資産グループの最小単位としています。

　減損損失は，資産又は資金生成単位の帳簿価額が回収可能価額を超過する場合に認識しています。減損損失は純損益として認識しています。資金生成単位に関連して認識した減損損失は，まずその単位に配分されたのれんの帳簿価額を減額するように配分し，次に資金生成単位内のその他の資産の帳簿価額を比例的に減額します。

　のれんに関連する減損損失は戻し入れていません。のれん以外の資産については，過去に認識した減損損失は，期末日ごとに，過年度に計上した減損損失の戻入れの兆候の有無を判断しています。そのような兆候が存在する場合は，当該資産又は資金生成単位の回収可能価額の見積りを行い，その回収可能価額が，資産又は資金生成単位の帳簿価額を超える場合，算定した回収可能価額と過年度で減損損失が認識されていなかった場合の減価償却控除後の帳簿価額とのいずれか低い方を上限として，減損損失を戻し入れています。

（10）　政府補助金

　政府補助金は，当社グループが補助金を受領し，その補助金に付帯する諸条件を遵守することが合理的に確かである場合に，公正価値で測定し，以下の方法で認識しています。

　資産に関する補助金は，取得原価から補助金を控除して，資産の帳簿価額を算

定する方法で認識しています。収益に関する補助金は，関連する費用から当該補助金を控除する方法で認識しています。

(11) 従業員給付 ···

① 長期従業員給付

　(ⅰ) 退職後給付

　　(a) 確定拠出制度

　　　　当社及び一部の子会社では，確定拠出型制度を採用しています。確定拠出年金制度は，雇用主が一定額の掛金を他の独立した企業に拠出し，その拠出額以上の支払について法的又は推定的債務を負わない退職後給付制度です。確定拠出年金制度の拠出債務は，従業員が関連したサービスを提供した期間に，従業員給付費用として純損益で認識しています。

　　(b) 確定給付制度

　　　　確定給付型制度は，確定給付制度債務の現在価値から制度資産の公正価値を控除した金額を，負債又は資産として認識しています。確定給付制度債務の現在価値及び勤務費用は，予測単位積増方式を用いて制度ごとに算定しています。割引率は，確定給付制度債務を支払う際に使用する通貨及び見積り支払期日に対応した，期末日時点の優良社債の市場利回りを参照して決定しています。

　　　　確定給付制度から生じる再測定は，数理計算上の差異・制度資産に係る収益（利息を除く）及び資産上限額の影響から構成され，それらを即時にその他の包括利益に計上しており，直ちに利益剰余金に振り替えています。

　　　　制度が改訂された場合，従業員による過去の勤務に関連する給付金の変動部分は，即時に純損益として認識しています。

　(ⅱ) その他の長期従業員給付

　　　　退職後給付制度以外の長期従業員債務として，長期勤続を達成時に休暇や手当が付与される制度を有しています。当該長期従業員給付は，従業員が過年度及び当年度に提供したサービスの対価として獲得した将来給付の見積

額を現在価値に割引いて算定しています。

② 短期従業員給付

短期従業員給付については，割引計算は行わず，関連するサービスが提供された時点で費用として計上しています。

賞与については，当社グループが，従業員から過去に提供された労働の結果として支払うべき現在の法的及び推定的債務を負っており，かつその金額を信頼性をもって見積ることができる場合にそれらの制度に基づいて支払われる見積額を負債として認識しています。

（12） 引当金

引当金は，過去の事象の結果として，当社グループがその金額について信頼できる見積りが可能である法的又は推定的債務を負っており，当該債務を決済するために経済的資源の流出が生じる可能性が高い場合に認識しています。

貨幣の時間価値の影響が重要な場合には，当該引当金は債務の決済に必要と予想される支出額の現在価値で測定しています。

（13） 株主資本

① 普通株式

当社が発行した資本性金融商品は，発行価額を資本金及び資本剰余金に計上し，直接発行費用（税効果考慮後）は資本から控除しています。

② 自己株式

自己株式を取得した場合は，取得に直接関連して発生したコストを含めた支払対価を資本から控除しています。自己株式を処分した場合には，受取対価と自己株式の帳簿価額との差額を資本として処理しています。

（14） 収益

当社グループは，以下の5ステップアプローチに基づき，約束した財又はサービスの顧客への移転を当該財又はサービスと交換に権利を得ると見込んでいる対価を反映する金額で収益を認識しています。

ステップ１：顧客との契約を識別する。

ステップ２：契約における履行義務を識別する。

ステップ３：取引価格を算定する。

ステップ４：取引価格を契約における別個の履行義務へ配分する。

ステップ５：履行義務を充足した時点で（又は充足するに応じて）収益を認識する。

当社グループの顧客との契約から生じる収益に関する主要な事業における主な履行義務の内容及び当該履行義務を充足する通常の時点（収益を認識する通常の時点）は以下のとおりです。

① 製品等の販売

製品等の販売による収益については，当社グループは顧客との契約に基づいて製品等を引き渡す履行義務を負っており，製品等の引渡時点又は検収時点で支配が顧客に移転すると判断していることから，製品等の引渡日又は検収日に収益を認識しています。製品等の販売による収益は，契約において約束した対価からリベート及び値引きを控除した金額で測定しています。

② 工事契約，役務の提供

工事契約，役務の提供に係る収益は，顧客からの受注に基づく製品の製造と，それに伴う製品のメンテナンス等によるものであり，顧客との契約に基づいて財又はサービスを提供する履行義務を負っています。工事契約，役務の提供については，財又はサービスに対する支配を一定期間にわたり移転するため，履行義務の完全な充足に向けて合理的に進捗度を測定することにより収益を認識しています。進捗度の測定は，顧客に移転することを約束した財又はサービスの性質を考慮しています。航空宇宙システム事業，エネルギーソリューション＆マリン事業等における工事契約等，発生した原価が履行義務の充足における進捗度に比例する場合は，現時点の累計発生原価の取引全体の見積り総原価の割合などに基づくインプット法で進捗度を測定しています。エネルギーソリューション＆マリン事業等におけるメンテナンス契約等，一定の期間に亘って提供するサービスに対して固定額を請求する契約や，航空宇宙システム事業における民間航空エンジンのメンテナンス契約や車両事業における鉄道車両の製造等，履行が完了した部分に対する顧客にとっての価値に直接対応する対価の額

を顧客から受け取る権利を有する契約の場合，経過した期間の契約期間全体に占める割合や現時点までの履行済みの義務が履行義務全体に占める割合などに基づくアウトプット法に基づいて進捗度を測定しています。なお，進捗度を合理的に見積ることができないが，発生するコストを回収すると見込んでいる場合は，発生したコストの範囲で収益を認識しています。

　これらの履行義務に対する対価は，履行義務の充足時点から通常1年以内に受領しています。なお，対価に重要な金融要素は含まれていません。当社グループでは，製品が契約に定められた仕様を満たしていることに関する保証を提供していますが，当該製品保証は別個のサービスを提供するものではないことから，独立した履行義務として区別していません。リベート及び事後的な値引きなど，対価の変動を含む取引契約については，その不確実性が解消される際に重要な売上収益の戻入れが生じない可能性が非常に高い範囲で当該変動価格を見積り，取引価格を決定しています。また，顧客との契約の履行のためのコストのうち，回収が見込まれる金額を資産計上しています。当該資産は，関連するサービスが顧客へ移転するパターンに応じて償却を行っています。

（15）　金融収益及び金融費用 ･･･

　金融収益及び金融費用は，受取利息，支払利息，受取配当金，為替差損益，デリバティブ損益（その他の包括利益で認識される損益を除く）等から構成されています。受取利息及び支払利息は，実効金利法を用いて発生時に認識しています。受取配当金は，当社グループの受領権が確定した日に認識しています。

（16）　法人所得税 ･･･

　税金費用は，当期税金費用と繰延税金費用から構成されています。これらは，企業結合に関連するもの，及び直接資本又はその他の包括利益で認識される項目を除き，純損益で認識しています。

　当期税金費用は，税務当局に対する納付又は税務当局から還付が予想される金額として測定しています。当該税額の算定は，期末日までに制定又は実質的に制定された税率及び税法に従っています。

繰延税金費用は，期末日における資産及び負債の会計上の帳簿価額と税務基準額との一時差異，税務上の繰越欠損金及び繰越税額控除に基づいて算定しています。

　繰延税金資産は，未使用の税務上の繰越欠損金，繰越税額控除及び将来減算一時差異のうち，将来課税所得に対して利用できる可能性が高いものに限り認識しています。また，期末日ごとに見直し，繰延税金資産の便益を実現させるだけの十分な課税所得を稼得する可能性が高くなくなった部分について減額しています。

　繰延税金負債は，原則としてすべての将来加算一時差異について認識しています。ただし，以下の場合は繰延税金負債を認識していません。

　　・予測可能な将来にその差異が解消されない可能性が高い場合の子会社に対する投資に係る差異

　　・のれんの当初認識において生じる将来加算一時差異

　繰延税金資産及び負債は，期末日に施行又は実質的に施行される法律に基づいて一時差異が解消される時に適用されると予測される税率を用いて測定しています。

　繰延税金資産及び負債は，当期税金資産・負債を相殺する法律上強制力のある権利を有しており，かつ法人所得税が同一の税務当局によって同一の納税主体に課されている場合又は異なる納税主体に課されているものの，これらの納税主体が当期税金資産・負債を純額ベースで決済することを意図している場合，もしくはこれらの税金資産及び負債が同時に実現する予定である場合に相殺しています。

　法人所得税の不確実な税務ポジションについて，税法上の解釈に基づき税務ポジションが発生する可能性が高い場合には，合理的な見積額を資産又は負債として認識しています。

（17）　1株当たり利益 ……………………………………………………………
　基本的1株当たり当期利益は，親会社の所有者に帰属する当期利益を，その期間の自己株式を控除した発行済普通株式の加重平均株式数で除して計算していま

す。

　希薄化後1株当たり当期利益は，希薄化効果を有するすべての潜在的普通株式
の影響を調整して計算しています。

（1） 財務諸表 ···

① 貸借対照表

（単位：百万円）

	前事業年度 （2022年3月31日）		当事業年度 （2023年3月31日）	
資産の部				
流動資産				
現金及び預金		73,589		88,269
受取手形	※1	7,296	※1	7,514
売掛金	※1	182,065	※1	178,010
契約資産		60,227		58,316
原材料及び貯蔵品		96,898		105,002
仕掛品		283,458		304,590
前渡金		27,110		62,382
前払費用		934		949
その他	※1	133,450	※1	109,367
貸倒引当金		△208		△3,135
流動資産合計		864,821		911,267
固定資産				
有形固定資産				
建物		108,326		103,961
構築物		17,602		19,281
ドック船台		2,289		2,208
機械及び装置		91,873		86,082
船舶		91		78
航空機		22		5
車両運搬具		898		724
工具、器具及び備品		37,443		32,881
土地		20,667		21,346
リース資産		8,520		7,678
建設仮勘定		10,404		10,343
有形固定資産合計		298,140		284,592
無形固定資産				
ソフトウエア		11,697		11,520
その他		4,297		5,851
無形固定資産合計		15,995		17,371
投資その他の資産				
投資有価証券		11,026		12,665
関係会社株式		86,400		94,045
関係会社出資金		35,963		35,963
破産更生債権等		1,147		1,216
繰延税金資産		79,813		91,201
その他	※1,※3	79,372	※1,※3	75,871
貸倒引当金		△1,284		△1,352
投資その他の資産合計		292,439		309,610
固定資産合計		606,575		611,574
資産合計		1,471,397		1,522,841

	前事業年度 （2022年3月31日）	当事業年度 （2023年3月31日）
負債の部		
流動負債		
支払手形	469	187
電子記録債務	※1 90,904	※1 126,355
買掛金	※1 134,775	※1 140,761
短期借入金	※1 117,085	※1 147,632
未払金	※1 48,465	※1 48,674
未払費用	※1 78,825	※1 84,336
未払法人税等	1,052	2,480
契約負債	194,134	169,838
賞与引当金	12,625	23,000
保証工事引当金	5,561	6,570
受注工事損失引当金	2,654	1,087
リース債務	716	662
その他	※1 46,372	※1 71,917
流動負債合計	733,642	823,504
固定負債		
社債	180,000	149,000
長期借入金	194,252	188,251
リース債務	8,062	7,288
退職給付引当金	57,887	60,519
民間航空エンジンの運航上の問題に係る引当金	※4 3,054	※4 837
その他	27,627	21,418
固定負債合計	470,884	427,314
負債合計	1,204,526	1,250,818
純資産の部		
株主資本		
資本金	104,484	104,484
資本剰余金		
資本準備金	54,126	54,126
その他資本剰余金	–	–
資本剰余金合計	54,126	54,126
利益剰余金		
その他利益剰余金		
特別償却準備金	866	543
固定資産圧縮積立金	4,957	4,765
繰越利益剰余金	103,205	107,324
利益剰余金合計	109,029	112,633
自己株式	△1,129	△1,107
株主資本合計	266,511	270,137
評価・換算差額等		
その他有価証券評価差額金	785	1,465
繰延ヘッジ損益	△426	420
評価・換算差額等合計	359	1,885
純資産合計	266,870	272,022
負債純資産合計	1,471,397	1,522,841

② 損益計算書

（単位：百万円）

	前事業年度 （自 2021年4月1日 至 2022年3月31日）	当事業年度 （自 2022年4月1日 至 2023年3月31日）
売上高	※1　892,203	※1　791,099
売上原価	※1　811,430	※1　696,849
売上総利益	80,773	94,250
販売費及び一般管理費	※1.※2　96,578	※1.※2　95,792
営業損失（△）	△15,804	△1,542
営業外収益		
受取利息	※1　506	※1　614
受取配当金	※1　32,838	※1　15,576
その他	3,368	2,228
営業外収益合計	36,713	18,418
営業外費用		
支払利息	※1　1,984	※1　1,657
為替差損	3,050	4,259
固定資産除却損	988	1,208
その他	5,307	6,780
営業外費用合計	11,331	13,905
経常利益	9,578	2,970
特別利益		
固定資産売却益	※3　1,633	－
特別利益合計	1,633	－
特別損失		
減損損失	※4　715	※4　4,513
特別損失合計	715	4,513
税引前当期純利益又は税引前当期純損失（△）	10,497	△1,542
法人税、住民税及び事業税	△5,248	△1,624
法人税等調整額	△5,523	△11,916
法人税等合計	△10,772	△13,540
当期純利益	21,269	11,998

③　株主資本等変動計算書

前事業年度（自　2021年4月1日　至　2022年3月31日）　（単位：百万円）

	株主資本							
		資本剰余金		利益剰余金			自己株式	株主資本合計
				その他利益剰余金				
	資本金	資本準備金	その他資本剰余金	特別償却準備金	固定資産圧縮積立金	繰越利益剰余金		
当期首残高	104,484	52,210	–	1,274	5,147	124,295	△136	287,276
会計方針の変更による累積的影響額						△39,600		△39,600
会計方針の変更を反映した当期首残高	104,484	52,210	–	1,274	5,147	84,695	△136	247,676
当期変動額								
新株の発行		1,916						1,916
剰余金の配当						△3,357		△3,357
当期純利益						21,269		21,269
自己株式の取得							△994	△994
自己株式の処分			△0				1	1
自己株式処分差損の振替			0			△0		–
特別償却準備金の取崩				△407		407		
固定資産圧縮積立金の取崩					△190	190		
株主資本以外の項目の当期変動額（純額）								
当期変動額合計	–	1,916	–	△407	△190	18,509	△992	18,834
当期末残高	104,484	54,126	–	866	4,957	103,205	△1,129	266,511

| | 評価・換算差額等 | | | 純資産合計 |
	その他有価証券評価差額金	繰延ヘッジ損益	評価・換算差額等合計	
当期首残高	988	△516	472	287,749
会計方針の変更による累積的影響額				△39,600
会計方針の変更を反映した当期首残高	988	△516	472	248,148
当期変動額				
新株の発行				1,916
剰余金の配当				△3,357
当期純利益				21,269
自己株式の取得				△994
自己株式の処分				1
自己株式処分差損の振替				–
特別償却準備金の取崩				
固定資産圧縮積立金の取崩				
株主資本以外の項目の当期変動額（純額）	△203	90	△112	△112
当期変動額合計	△203	90	△112	18,722
当期末残高	785	△426	359	266,870

当事業年度（自　2022年4月1日　至　2023年3月31日）　（単位：百万円）

	株主資本							
	資本金	資本剰余金		利益剰余金			自己株式	株主資本合計
		資本準備金	その他資本剰余金	その他利益剰余金				
				特別償却準備金	固定資産圧縮積立金	繰越利益剰余金		
当期首残高	104,484	54,126	–	866	4,957	103,205	△1,129	266,511
会計方針の変更による累積的影響額								–
会計方針の変更を反映した当期首残高	104,484	54,126	–	866	4,957	103,205	△1,129	266,511
当期変動額								
新株の発行								–
剰余金の配当						△8,394		△8,394
当期純利益						11,998		11,998
自己株式の取得							△4	△4
自己株式の処分			△0				26	26
自己株式処分差損の振替			0			△0		
特別償却準備金の取崩				△323		323		–
固定資産圧縮積立金の取崩					△192	192		–
株主資本以外の項目の当期変動額（純額）								–
当期変動額合計	–	–	–	△323	△192	4,119	22	3,626
当期末残高	104,484	54,126	–	543	4,765	107,324	△1,107	270,137

| | 評価・換算差額等 | | | 純資産合計 |
	その他有価証券評価差額金	繰延ヘッジ損益	評価・換算差額等合計	
当期首残高	785	△426	359	266,870
会計方針の変更による累積的影響額				
会計方針の変更を反映した当期首残高	785	△426	359	266,870
当期変動額				
新株の発行				–
剰余金の配当				△8,394
当期純利益				11,998
自己株式の取得				△4
自己株式の処分				26
自己株式処分差損の振替				–
特別償却準備金の取崩				–
固定資産圧縮積立金の取崩				–
株主資本以外の項目の当期変動額（純額）	679	846	1,526	1,526
当期変動額合計	679	846	1,526	5,152
当期末残高	1,465	420	1,885	272,022

【注記事項】

（重要な会計方針）

1 資産の評価基準及び評価方法 ‥‥‥‥‥‥‥‥‥‥‥‥‥‥‥‥‥‥‥‥‥‥

(1) 有価証券の評価基準及び評価方法 ‥‥‥‥‥‥‥‥‥‥‥‥‥‥‥‥‥‥

① 子会社株式及び関連会社株式

移動平均法による原価法を採用しています。

② その他有価証券

市場価格のない株式等以外のもの

時価法（評価差額は全部純資産直入法により処理し，売却原価は移動平均
法により算定）を採用しています。

市場価格のない株式等

移動平均法による原価法を採用しています。

(2) 棚卸資産の評価基準及び評価方法 ‥‥‥‥‥‥‥‥‥‥‥‥‥‥‥‥‥‥

個別法及び移動平均法による原価法（貸借対照表価額は収益性の低下に基づく
簿価切下げの方法により算定）を採用しています。

(3) デリバティブの評価基準及び評価方法 ‥‥‥‥‥‥‥‥‥‥‥‥‥‥‥

時価法を採用しています。

2 固定資産の減価償却の方法 ‥‥‥‥‥‥‥‥‥‥‥‥‥‥‥‥‥‥‥‥‥‥

(1) 有形固定資産（リース資産を除く）‥‥‥‥‥‥‥‥‥‥‥‥‥‥‥‥‥

定額法を採用しています。

(2) 無形固定資産（リース資産を除く）‥‥‥‥‥‥‥‥‥‥‥‥‥‥‥‥‥

定額法を採用しています。

なお，自社利用のソフトウエアについては，社内における利用可能期間（5年）
に基づいています。

(3) リース資産 ‥‥‥‥‥‥‥‥‥‥‥‥‥‥‥‥‥‥‥‥‥‥‥‥‥‥‥‥

所有権移転ファイナンス・リース取引に係るリース資産

自己所有の固定資産に適用する減価償却方法と同一の方法を採用しています。

所有権移転外ファイナンス・リース取引に係るリース資産

リース期間を耐用年数とし，残存価額を零とする定額法を採用しています。

3　引当金の計上基準 ……………………………………………………………

（1）　貸倒引当金 …………………………………………………………………

売上債権，貸付金等の債権の貸倒損失に備えるため，一般債権については貸倒実績率により，貸倒懸念債権等特定の債権については個別に回収可能性を勘案し，回収不能見込額を計上しています。

（2）　賞与引当金 …………………………………………………………………

従業員の賞与金の支払に備えて，賞与支給見込額の当期負担額を計上しています。

（3）　保証工事引当金 ……………………………………………………………

保証工事費用の支出に備えるため，過去の実績又は個別の見積りに基づき計上しています。

（4）　受注工事損失引当金 ………………………………………………………

当事業年度末の未引渡工事のうち，大幅な損失が発生すると見込まれ，かつ，当事業年度末時点で当該損失額を合理的に見積ることが可能な工事について，翌事業年度以降の損失見積額を計上しています。

（5）　退職給付引当金

従業員の退職給付に備えるため，当事業年度末における退職給付債務及び年金資産（退職給付信託を含む）の見込額に基づき計上しています。

①　退職給付見込額の期間帰属方法

退職給付債務の算定に当たり，退職給付見込額を当事業年度末までの期間に帰属させる方法については，給付算定式基準によっています。

②　数理計算上の差異及び過去勤務費用の費用処理方法

過去勤務費用については，その発生時における従業員の平均残存勤務期間以内の一定の年数（10年）による定額法により費用処理しています。

数理計算上の差異については，各事業年度の発生時における従業員の平均残存勤務期間以内の一定の年数（10年）による定額法により按分した額をそれぞれ発生の翌事業年度から費用処理しています。

（6）　民間航空エンジンの運航上の問題に係る引当金 ………………………………

　当社がリスク＆レベニューシェアリングパートナー（RRSP）方式で参画しているロールス・ロイス社製ボーイング787用Trent1000エンジンプログラムにおいて発生した，運航上重要な問題に係る費用のうち，当社がプログラム参画メンバーとして負担すると見込まれる金額を計上しています。

4　重要な収益及び費用の計上基準 ………………………………………………

　当社は，以下の5ステップアプローチに基づき，約束した財又はサービスの顧客への移転を当該財又はサービスと交換に権利を得ると見込んでいる対価を反映する金額で収益を認識しています。

　ステップ1：顧客との契約を識別する

　ステップ2：契約における履行義務を識別する

　ステップ3：取引価格を算定する

　ステップ4：取引価格を契約における履行義務に配分する

　ステップ5：履行義務の充足時に（又は充足するにつれて）収益を認識する

　当社の顧客との契約から生じる収益に関する主要な事業における主な履行義務の内容及び当該履行義務を充足する通常の時点（収益を認識する通常の時点）は以下のとおりです。

① 　製品等の販売

　製品等の販売による収益については，当社は顧客との契約に基づいて製品等を引き渡す履行義務を負っており，製品等の引渡時点又は検収時点で支配が顧客に移転すると判断していることから，製品等の引渡日又は検収日に収益を認識しています。製品等の販売による収益は，契約において約束した対価からリベート及び値引きを控除した金額で測定しています。

② 　工事契約，役務の提供

　工事契約，役務の提供に係る収益は，顧客からの受注に基づく製品の製造と，それに伴う製品のメンテナンス等によるものであり，顧客との契約に基づいて財又はサービスを提供する履行義務を負っています。工事契約，役務の提供については，財又はサービスに対する支配を一定期間にわたり移転するため，履行義務

の完全な充足に向けて合理的に進捗度を測定することにより収益を認識していま
す。進捗度の測定は，顧客に移転することを約束した財又はサービスの性質を考
慮しています。航空宇宙システム事業，エネルギーソリューション＆マリン事業
等における工事契約等，発生した原価が履行義務の充足における進捗度に比例す
る場合は，現時点の累計発生原価の取引全体の見積り総原価の割合などに基づく
インプット法で進捗度を測定しています。エネルギーソリューション＆マリン事
業等におけるメンテナンス契約等，一定の期間に亘って提供するサービスに対し
て固定額を請求する契約や，航空宇宙システム事業における民間航空エンジンの
メンテナンス契約等，履行が完了した部分に対する顧客にとっての価値に直接対
応する対価の額を顧客から受け取る権利を有する契約の場合，経過した期間の契
約期間全体に占める割合や現時点までの履行済みの義務が履行義務全体に占める
割合などに基づくアウトプット法に基づいて進捗度を測定しています。なお，進
捗度を合理的に見積ることができないが，発生するコストを回収すると見込んで
いる場合は，発生したコストの範囲で収益を認識しています。

これらの履行義務に対する対価は，履行義務の充足時点から通常1年以内に受
領しています。なお，対価に重要な金融要素は含まれていません。

当社では，製品が契約に定められた仕様を満たしていることに関する保証を提
供していますが，当該製品保証は別個のサービスを提供するものではないことか
ら，独立した履行義務として区別していません。

リベート及び事後的な値引きなど，対価の変動を含む取引契約については，そ
の不確実性が解消される際に重要な売上収益の戻入れが生じない可能性が非常に
高い範囲で当該変動価格を見積り，取引価格を決定しています。

また，顧客との契約の履行のためのコストのうち，回収が見込まれる金額を資
産計上しています。当該資産は，関連するサービスが顧客へ移転するパターンに
応じて償却を行っています。

5　その他財務諸表作成のための基本となる重要な事項 ··························
（1）　ヘッジ会計の処理 ···
① 　ヘッジ会計の方法

繰延ヘッジ処理によっています。

② ヘッジ手段とヘッジ対象

ヘッジ手段	ヘッジ対象
為替予約、通貨オプション	外貨建金銭債権・債務等（予定取引を含む）
金利スワップ、通貨スワップ	借入金

③ ヘッジ方針

社内規定に基づき，為替変動リスク及び金利変動リスクをヘッジしています。

④ ヘッジ有効性評価の方法

ヘッジ開始時から有効性判定時点までの期間において，ヘッジ対象とヘッジ手段の相場変動の累計を比較し，両者の変動額等を基礎にして判断しています。

（2） 外貨建の資産及び負債の本邦通貨への換算基準 ·····························

外貨建金銭債権債務は，期末日の直物為替相場により円貨に換算し，換算差額は損益として処理しています。

（3） 退職給付に係る会計処理 ···

退職給付に係る未認識数理計算上の差異及び未認識過去勤務費用の会計処理の方法は，連結財務諸表におけるこれらの会計処理の方法と異なっています。

（重要な会計上の見積り）

1，繰延税金資産の回収可能性

（1） 当事業年度の財務諸表に計上した金額

繰延税金資産　91,201百万円

（2） 識別した項目に係る重要な会計上の見積りの内容に関する情報

①見積りの算出方法

繰延税金資産は，事業計画を基礎として将来の一定期間における課税所得の発生やタックスプランニングに基づき，回収可能性を検討しています。

②見積りの算出に用いた主な仮定

事業計画における主要な要素である売上高及び利益の予測は，将来の経済情勢の変動やその他の要因について一定の仮定を置いたうえで実施しています。

③翌年度の財務諸表に与える影響

将来に係る見積りは，新型コロナウイルス感染症の影響からの回復状況も含め

た将来の経済情勢の変動やその他の要因により影響を受けます。当社は，回収可能性の見積りを合理的に行っていますが，これらの将来に係る見積りの諸条件の変化により，翌事業年度以降の財務諸表において，繰延税金資産の金額に重要な影響を与える可能性があります。

2, 関係会社株式の評価
(1)　当事業年度の財務諸表に計上した金額
　関係会社株式　94,045百万円
　うち（株）メディカロイドへの投資　12,955百万円
(2)　識別した項目に係る重要な会計上の見積りの内容に関する情報
①見積りの算出方法
　関係会社株式の評価は，移動平均法による原価法を適用しており，株式の実質価額が取得価額に比べて著しく低下した場合には，事業計画を入手し回復可能性を検討しています。
②見積りの算出に用いた主な仮定，及び翌年度の財務諸表に与える影響
　メディカロイド株式については，メディカロイドが作成した事業計画を基に回復可能性の検討を行っています。当該事業計画については今後の市場の成長，販売数量，価格，関連費用等の見積りにおいて不確実性が伴います。これらの将来に係る見積りの諸条件の変化により事業計画の達成が困難になった場合には，関係会社株式の金額に重要な影響を与える可能性があります。

第**2**章

機械業界の "今" を知ろう

企業の募集情報は手に入れた。しかし，それだけでは
まだ不十分。企業単位ではなく，業界全体を俯瞰する
視点は，面接などでもよく問われる重要ポイントだ。
この章では直近1年間の運輸業界を象徴する重大
ニュースをまとめるとともに，今後の展望について言
及している。また，章末には運輸業界における有名企
業（一部抜粋）のリストも記載してあるので，今後の就
職活動の参考にしてほしい。

▶▶高い技術でつくる，産業の基礎
機械 業界の動向

> 「機械」は，自動車や建設などあらゆる産業の製造に関わる業種である。船舶や航空エンジンなどを作る「重機」，建設・土木に必要な機械を作る「建設機械」，部品を加工する機械（マザーマシン）を作る「工作機械」，組み立てや溶接作業を行うロボットを作る「産業用ロボット」などがある。

❖ 重機業界の動向

　総合重機メーカーの主要6社は，造船を出発点として，そこで培ったさまざまな技術を応用展開させることで，事業を多角化してきたという経緯がある。そのため，各社の手がける製品は，発電設備や石油精製・水処理といった各種プラント，橋梁などの交通インフラ，航空・宇宙産業と多岐に渡る。世界の造船建造は減少する一方で，業界の大型再編と価格競争が激化しており，韓国では現代重工業と大宇造船海洋が統合に向け動き，中国勢も国有造船2社が合併交渉に入った。

　発電においては，再生可能エネルギー，とくに風力発電の分野では，洋上風力発電が造船の技術や設備を生かせる新市場として注目されている。また，プラント業界では，米国のシェールガスをはじめとする液化天然ガス（LNG）プラントなど，エネルギー関連の需要が世界的に拡大中であるが，依然として採算管理に問題がある。

●鉄道・航空産業にもコロナの影響も回復傾向
　鉄道各社がバブル期に導入した車両が更新時期を迎え，2020年代の日本の鉄道メーカーはその需要に応えるだけで安定して好調を維持していけると思われていた。しかし，新型コロナウイルスの影響で鉄道各社の業績は著しく悪化し，資金確保のために新規車両の発注が抑えられた。

　2023年時点でコロナの影響はほぼなくなりつつあるが，テレワーク等の

浸透で自宅作業が増え，定期券利用は元の水準には戻らない見込みだ。

　新型コロナウイルスの影響は，世界中に波及した。欧州鉄道産業連盟（UNIFE）によれば，世界の鉄道産業の市場規模は2015〜17年の平均で約20兆円としており，21〜23年まで年率2.7％で成長する見通しとしていたが，こちらもスピード減を余儀なくされている。

　国内の需要はインバウンド頼みの状態だが，欧州や北米などの設備更新の需要は順調に推移している。引き続き海外需要をうまく取り込んでいけるかが国内メーカーには問われている。

　国際的には，仏のアルストム，独のシーメンス，カナダのボンバルディアが「ビッグ3」と言われてきたが，アルストムとシーメンスは事業統合し，近年では中国の中国中車が売上高4兆円を伺う世界最大手となっている。日本では，英国での実績に加え，イタリアの車両メーカー，信号機メーカーを傘下に収めて欧州で存在感を増す日立製作所と，米国主要都市の地下鉄でシェア1位を誇る川崎重工業が業界を牽引している。

　航空機産業も格安航空会社（LCC）の普及や新興国への新規路線就航のほか，既存機の更新需要もあり成長著しかったが，鉄道以上の打撃を新型コロナウイルスにより受けることになった。感染拡大に伴う渡航制限で旅行需要が激減し，LCCを中心に破綻やキャンセルが続出。米ボーイング社や欧州エアバスは主力機で減産計画および人員削減を発表。IHIや川崎重工といった国内メーカーにもその影響が及ぶとされている。

❖ 建設機械業界の動向

　日本の建設機械会社は，米のキャタピラー社に次いで世界2位のコマツ，大型ショベルやダンプなどを幅広く手がける国内2位の日立建機のほか，フォークリフトの豊田自動織機や，ミニショベルのクボタなど，特定の分野に特化した技術によって，世界で独自の地位を確立している中堅メーカーも多く存在する。

　工場などの新設に伴って受注が増える建設機械は，景気動向の指標となる業界として，常に注目されている。日本建設機械工業会によれば，2021年度の建設機械出荷額は前年度19.4％増の3兆4768億円だった。欧米などのインフラ・住宅投資の拡大や資源価格の上昇による鉱山機械の需要があがったことが大きい。

●国交省主導のアイ・コンストラクション（建設生産性革命）

　2016年4月，国土交通省は土木工事にICT（情報通信技術）を活用する「ア
イ・コンストラクション（建設生産性革命）」の導入を表明した。これは，
ドローンによる3次元測量やICT建機による施工などによって，建設現場
の作業を効率化し，生産性を向上させる取り組みのことを指す。ICTは，
建設工事の，調査・測量，設計，施工，監督，検査，維持管理というそれ
ぞれの工程において，GPSや無線LAN，スマートフォンなどを使って入手
した電子情報を活用して高効率・高精度の処理（施工）を行い，さらに各工
程の処理時に得られた電子情報を他の工程で共有・活用することで，各工
程はもちろん，工事全体の生産性の向上や品質の確保などを図る技術であ
る。

　これを受けて，国内大手各社も，ICTを生かした機械やサービスの開発
に力を注いでいる。コマツが提供を始めた自動運航するドローンの測量サー
ビスは，設現場での高速データ処理技術により，ドローンが撮影した写真
から3次元（3D）の測量データを約30分で生成し，工事の進捗管理に役立
てるもの。そのほか，住友建機は道路舗装用機械のICT対応を，日本キャ
タピラーは土砂などの積載量を計測する技術や事故防止対策を訴求するな
ど，さまざまな提案がなされている。

❖ 工作機械業界の動向

　工作機械は「機械をつくる機械」や「マザーマシン」などと呼ばれ，プロ
グラムに沿って金属の塊を削り，自動車や電子機器の部品や金型を作り出
す。製造業には欠かせない装置であり，企業の設備投資の多寡が業績に直
結する。そんな日本の工作機械産業は，少数の大手メーカーと，特殊分野
で精度の高さを誇る中堅が多数を占める。

　2022年の受注額は1兆7596億円と前年比14％増と，過去2番目の高水準
となった。新型コロナウイルス禍で先送りとなっていた設備需要の回復や，
電気自動車の普及に伴う関連投資に加え，工程集約の自動化ニーズの高ま
りで需要が拡大した。

●第四次産業革命を想定した，新たな潮流

　ドイツと並んで世界トップとされる日本メーカーの技術力だが，多品種少量生産の加速，製造現場の人材不足を背景に，機械単体の性能や高信頼性だけでは優位に立つことが難しくなっている。クラウドやAI（人工知能）など，高度な通信機能で相互に情報伝達する「IoT」（Internet of Things）の波は，工作機械業界にも及んでおり，一元管理の可能な製品やサービスが次々に登場している。パッケージとして導入すれば，生産データの収集や稼働監視，状態診断などに必要なセンサやソフトウエアがすべて構築済みで提供され，ユーザーは意識することなくIoTを活用できる。

　IoTは，社会インフラの仕組みをドラスティックに変え，「第四次産業革命」を促す新技術とも言われている。2016年3月，経済産業省は日本の産業が目指す姿を示すコンセプトとして「コネクテッド・インダストリーズ（CI）」を発表した。これは，さまざまなつながりで新たな付加価値が創出される産業社会のことで，日本の強みである高い技術力や現場力を活かして，協働や共創，技能や知恵の継承を目指す。このような流れを受けて，メーカー各社は近年，IT企業と協業しIoTプラットフォームの構築・提供を進めている。業界大手のDMG森精機と日本マイクロソフト，オークマとGEデジタルが提携を発表するなど，次世代を見据えた変革が始まっている。

❖ 産業用ロボット業界の動向

　溶接や組み立て，塗装などに活用される産業用ロボットは，人間の腕のように複数の関節を持つ「多関節ロボット」と，電子部品を基板に載せる「チップマウンター（電子部品実装機）」に分類される。多関節ロボットは，国内では安川電機とファナック，海外ではスイスのABBとドイツのKUKAが，世界4強である。実装機では，パナソニックや富士機械製造が中心となっている。

　近年，IoT（モノのインターネット）やAI（人工知能）といったデジタル技術を背景に，各社とも，設備のネットワーク化，データのクラウド化などIoTプラットフォームの開発を進めている。2016年，中国の美的集団がKUKAを買収するなど，中国も国策として第四次産業革命への布石を打っている。経済産業省も「コネクテッド・インダストリーズ」戦略を打ち出し

ており，世界での競争も踏まえ，AIの活用，企業間でのデータの共有利用
など，今後の進展が期待される。

●数年に渡る好調に陰りも自動化需要は拡大

　ロボット市場は中国を中心としたアジア市場の成長が著しい。日本ロボット工業会によると，2022年の産業用ロボットの受注額は1兆1117億円と前年比3.1％増となった。世界的な半導体不足や中国景気後退の影響を受けてなおの増加であることが，成長を期待させる

　新型コロナの感染症対策として，工場内の生産ラインにロボットを導入する動きが進み，食品や医薬品などの分野でもロボットによる生産自動化の試みがひろがった。さらには人件費の高騰で人手の作業を代替する動きが加速するなど，あらたな需要が広がってきている。

　さらに物流におけるピッキング分野も伸びており，アマゾンやニトリの配送センターでは，すでにロボットが必要不可欠な存在となっている。

機械業界

直近の業界各社の関連ニュースを
ななめ読みしておこう。

バッテリー争奪戦、建機でも　コマツ・ボルボ買収相次ぐ

建設機械各社が、電動化時代に備えてバッテリーの確保を急いでいる。コマツ
が米バッテリーメーカーを買収するほか、スウェーデンの商用車・建機大手ボ
ルボ・グループも別の米大手の買収を発表した。電池は電気自動車（EV）が主
戦場だが、脱炭素の対応を迫られる建設業界でも争奪戦が始まっている。

コマツは20日、米バッテリーメーカーのアメリカン・バッテリー・ソリューショ
ンズ（ABS、ミシガン州）を買収すると発表した。全株式を取得し、買収額は
非公表。ABSは商用車や産業用車両向けのリチウムイオン電池を開発・製造
している。買収により、建機や鉱山機械の設計に最適化した電池が開発できる
ようになる。

「ボルボ・グループは現在の電池・電動化の工程表を完全なものにし、さらに
加速させる」。ボルボは10日、経営難に陥っていたバス開発大手の米プロテラ
からバッテリー事業を買収すると発表した。2億1000万ドル（約310億円）
を投じる。

各社がバッテリー企業を囲い込むのは、脱炭素の波が建設現場にも押し寄せて
いるためだ。

建機の分野では、電動化がそれほど進んでいなかった。大型の機械が多いほか、
高い出力を保たなくてはならないことが背景にある。建設現場は充電設備から
遠いケースが多く、電動化との相性は良くない。

だが脱炭素に向けた取り組みが遅れれば、投資家や取引先から不評を買いかね
ない。そのため各社は急速に電動化を進めており、コマツは23年度に電動の
ミニショベルや中型ショベル計4種を投入する。

じつはコマツは電動建機にプロテラの電池を使っており、ボルボから仕入れる
可能性もあった。建機向けの電池は仕様変更が難しく、車体側の設計を変えれ
ばコストがかさむ。ほぼ同じタイミングでABS買収を発表したコマツにとっ

ては、コスト増を回避できた側面もある。

相次ぐ買収の背景には、ディーゼルエンジンに依存していては各社の稼ぎ頭であるメンテナンス事業を失うという危機感もある。

建機各社はメンテナンス事業を重要視している。新車販売は景気の波の影響で収益が上下するが、部品販売や修理などのアフターサービスは車体が稼働している限り需要が大きく落ち込むことはないためだ。例えば、コマツでは部品販売が建機事業の4分の1を占める

脱炭素が進んでディーゼルエンジンの需要が落ち込めば、こうした安定的な収入源も減ることになる。各社は今のうちから将来の主要部品になるバッテリーを内製化することで、次世代の事業基盤を確保しようとしている。

米キャタピラーは23年に電池技術を手掛けるリソス・エナジーへの投資を発表している。日立建機は欧州でオランダの蓄電装置メーカーや伊藤忠商事と組み、運べるコンテナサイズの充電設備を工事現場に持ち込む計画だ。

欧州は建機の電動化への補助金制度があり、充電のインフラや規格整備も比較的進んでいるが、日本は支援策が不十分だとの声が上がる。コスト面で欧州勢とどう競うのかも今後の課題となる。

国土交通省は電動建機の認定制度をつくり、その後補助金などの普及促進策を整える。電動化しても電気が火力発電由来であれば二酸化炭素（CO_2）排出は大きく減らせない。日本では再生可能エネルギーが欧州よりも調達しづらく、将来の課題になりそうだ。　　　　　　（2023年11月21日　日本経済新聞）

機械受注が一進一退　7月は2カ月ぶり減、製造業低調で

内閣府が14日発表した7月の機械受注統計によると設備投資の先行指標とされる民需（船舶・電力を除く、季節調整済み）は前月比1.1％減の8449億円だった。製造業の発注が減り、前月と比べて2カ月ぶりにマイナスとなった。機械受注は一進一退の動きが続く。

業種別では製造業からの発注が5.3％減と全体を押し下げた。マイナスは3カ月ぶり。「電気機械」からの発注が23.8％減、「自動車・同付属品」が21.4％減だった。

いずれの業種も、6月に増えた反動で減少した。海外経済の不透明感から、企業が投資により慎重になっていることが響いた可能性もある。

非製造業からの発注は1.3％増えた。2カ月連続でプラスだった。建設業が

29.2％増えた。建設機械やコンベヤーなどの運搬機械の増加が寄与した。卸売業・小売業も13.3％増加した。

内閣府は全体の基調判断を9カ月連続で「足踏みがみられる」に据え置いた。足元では企業の設備投資への意欲は高いとみられる。内閣府と財務省が13日に公表した法人企業景気予測調査では、大企業・中小企業など全産業の2023年度のソフトウエア投資も含む設備投資は、前年度比12.3％増えると見込む。第一生命経済研究所の大柴千智氏は「企業の投資意欲は旺盛で、機械受注も年度後半には緩やかな増加傾向に転じるのではないか」と指摘する。

（2023年9月14日　日本経済新聞）

ニデック、TAKISAWA買収で合意　「事前同意なし」で突破

ニデック（旧日本電産）が工作機械のTAKISAWA（旧滝沢鉄工所）を買収する見通しとなった。TAKISAWAが13日、ニデックから受けていたTOB（株式公開買い付け）の提案を受け入れると発表した。TAKISAWAは株主にTOBへの応募も推奨した。ニデックは自動車部品加工に強いTAKISAWAの旋盤を取得し、工作機械事業の「穴」を埋める。

TOBは1株あたり2600円で14日から始める。上限を設けておらず、成立すればTAKISAWAはニデックの子会社となり上場廃止になる可能性が高い。

TAKISAWAの原田一八社長は13日、本社のある岡山市内で記者会見を開き、ニデックの傘下に入ることが「当社にとってプラス」と述べた。工作機械業界の厳しい経営環境に触れ、「（単独で生き残りを図るより、工作機械でニデックが目標に掲げる）世界一を目指すほうが従業員も取引先も幸せ」と説明した。

同時にニデックとは別の1社から対抗提案を出す初期的な意向表明書を受け取ったものの、正式な提案には至らなかったと明らかにした。原田社長は秘密保持契約を理由に「詳しい話はできない」とした。

ニデックは工作機械事業の強化のため、M&A（合併・買収）を相次ぎ手掛けている。2022年1～3月にはTAKISAWAへ資本提携を持ちかけていた。その際、TAKISAWA側が協議を中断した経緯もあり、23年7月にTAKISAWAの経営陣の事前同意を得ないままTOBの提案に踏み切った。

TAKISAWAを傘下に収め、課題だった工作機械の主要品目の一つ「旋盤」を取得する。ニデックは工作機械の世界市場の機種別の内訳で約3割（ニデック調べ）を占める旋盤を製品に持っていなかった。同社の西本達也副社長は「他

の工作機械と旋盤を顧客にまとめて売れる」と話し、営業面や収益面での相乗効果を見込む。

ニデックは21年、電気自動車（EV）部品の内製化などを視野に三菱重工業から子会社を取得し工作機械事業に参入した。22年にはOKK（現ニデックオーケーケー）を買収し、工作機械を注力事業と定めた。23年にイタリア企業も買収。TAKISAWAが傘下に入れば同事業で4社目となる。

TOB価格の2600円は提案1カ月前の株価の約2倍の水準にあたる。一般にTOB価格は、買収候補企業の直近1カ月や3カ月間の平均株価に3割程度の上乗せ幅（プレミアム）をつけることが多い。今回、ニデックは10割程度のプレミアムをのせた。

当時のTAKISAWAの株価はPBR（株価純資産倍率）が0.5倍前後と割安だったため、ニデックはプレミアムを上乗せしやすい状態だった。TAKISAWAの株主が納得しやすいTOB価格が、TAKISAWAの取締役会の判断に影響したとみられる。

ニデックはTAKISAWAがTOBに反対し「同意なきままのTOB」になることも覚悟しての買収提案だった。M&A巧者のニデックが「同意なき」を辞さない姿勢をみせたことで、今後、日本で同様のケースが増えることが予想される。

海外では事前に賛同を得ないTOBは珍しくない。経済産業省の資料によれば、12〜21年に日本で実施されたTOBは476件で、米国は584件。このうち「同意なきTOB」の比率は米国の17％に対し、日本は4％にとどまる。

長島・大野・常松法律事務所の玉井裕子弁護士は「米国の経営者は『同意なき買収』をされるかもしれないと、普段から高い緊張感をもっている」と指摘する。その上で経営者の緊張感が「企業価値の向上策の活発な検討につながっている可能性がある」と話す。

経産省は8月末にまとめた新たな企業買収における行動指針で、企業価値向上に資する買収提案は真摯に検討するよう求めた。東京証券取引所も今春、PBR1倍割れ企業に改善を要請した。こうした経緯を踏まえれば、TAKISAWAに対するTOB計画は、低水準のPBRを放置する日本の上場企業経営者への「警告」の側面がある。

ニデックの永守重信会長兼最高経営責任者（CEO）は「相手の了解を得て実際に買収が完了するまで平均4〜5年かかる」と強調する。「M&Aの滞りが日本の新興企業の成長が遅い理由の一つだ」と語り、M&A市場の活性化が必要と説く。

（2023年9月13日　日本経済新聞）

建機電動化で認定制度　国交省、公共事業で優遇措置も

国土交通省は2023年度に、土木・建築工事などで使う建設機械の電動化に関する認定制度を新設する。国の脱炭素方針に合った電動建機の研究開発や普及を後押しするため、公共事業の発注に関する優遇措置や補助金といった支援策も検討する。海外で需要が高まる電動建機は大手メーカーが販路開拓を進めており、国際競争力の強化も狙う。

国交省は電動建機を「GX（グリーントランスフォーメーション）建機」と位置づけ、23年度の早期に暫定的な認定制度を設ける。バッテリー式や有線式の油圧ショベル、ホイールローダーを対象に認定し、購入企業などが確認できるよう公表する。

認定にあたっては電力消費量などの基準値を当面設定しないが、メーカー側に業界団体が定める方式に基づいた測定データの提出を求める。集まったデータを分析し、20年代後半にも恒久的な認定制度に移行し、詳細な基準値などを設ける。

普及への支援策も検討する。公共事業の発注で国や地方自治体が電動建機を使用する事業者に優先交渉権を与えたり、建機の購入に補助金を出したりするといった複数案がある。23〜24年度にかけて支援内容を詰める。

建機の稼働による二酸化炭素（CO_2）の排出量は国内産業部門の1.4%を占める。政府は50年にCO_2排出量を実質ゼロにする方針をかかげる。産業機械の動力源転換を重要課題と位置づけ、電動建機の普及を加速させる。

電動建機は世界的な競争が激しくなっている。ノルウェーは建機の電動化に関する補助金制度を設け、その他の国でも政府による支援策が広がりつつある。現在主流の軽油を使用したエンジン式の規制が今後、強化される可能性もある。日本メーカーもコマツや日立建機といった大手各社が新型機の研究開発を進め、欧州での販売にも乗り出している。国の認定制度を通じて日本製の電動建機の品質をアピールできれば、海外での販路拡大を後押しすることにもつながる。

（2023年3月10日　日本経済新聞）

工作機械受注、23年は外需18%減へ　利上げで投資抑制

日本工作機械工業会（日工会）は26日、2023年の工作機械受注額は外需が

前年比17.8%減の9500億円となる見通しを発表した。22年の外需は米中を中心に過去最高を更新したが、主要国が金融を引き締め、企業は設備投資に慎重になっている。中国の新型コロナウイルスの感染拡大も、需要を不透明にしている。

稲葉善治会長（ファナック会長）は26日の記者会見で、「米国、欧州の金利がかなり上がっており、ジョブショップ（部品加工を受託する中小製造業者）向けは資金繰りの点から様子見になる懸念がある」と語った。

中国については「23年後半にコロナ禍が収まっていけば、スマホなどの新規需要も出てきそう」としつつ、「先行きは不透明で少し慎重にみている」と説明した。

23年の内需は6500億円と、22年実績（18.2%増の6032億円）比7.7%増を見込む。半導体不足による自動車の生産調整が徐々に緩和され、設備投資が回復する見通し。海外より遅れていた電気自動車（EV）関連の投資も本格化すると期待されている。

22年の受注額は前年比14.2%増の1兆7596億円だった。18年（1兆8157億円）に次ぐ過去2番目の高さになった。外需は1兆1563億円と、18年の1兆654億円を上回って過去最高となった。世界でEVへの移行に伴う投資が好調だった。人手不足を背景に、1台で複数の工程を集約できる機械の需要も増えた。

国・地域別では中国が5.3%増の3769億円で、2年連続で過去最高だった。パソコンやスマホなどのテレワーク関連の需要は一巡したものの、EVや生産自動化に伴う投資が続いた。北米も人手不足による自動化需要が高く、22%増の3444億円と過去最高となった。欧州は9.7%増だった。

同時に発表した22年12月の工作機械受注額は、前年同月比0.9%増の1405億円だった。内需が17.4%減の422億円、外需が11.6%増の982億円だった。米国やインドで大口受注が入り、中国も堅調だった。。

（2023年1月26日　日本経済新聞）

23年の工作機械受注、3年ぶり減少予測　投資減退を懸念

数カ月先の景気動向を示す先行指標ともいわれている工作機械受注が減速している。日本工作機械工業会は11日、2023年の工作機械受注が前年に比べ9%減の1兆6000億円になるとの見通しを示した。新型コロナウイルス禍で

落ち込んだ20年以来、3年ぶりの減少に転じる。世界的な利上げの動きなどで企業の設備投資意欲が減退する懸念が出てきた。

工作機械は金属を削って金型や部品に仕上げるのに欠かせず、あらゆる産業の「マザーマシン（母なる機械）」と呼ばれる。企業の設備投資のほか、スマートフォンなどの消費の動向を敏感に反映するため注目度が高い。

稲葉善治会長（ファナック会長）は、同日開かれた賀詞交歓会で23年の需要について「欧米などのインフレ・利上げ、中国の景気減速懸念や新型コロナの感染拡大により設備投資はしばらく落ち着いた展開となる可能性がある」と説明した。

22年の受注額は1兆7500億円前後（前年比1割増）になる見込みで、18年に次ぐ過去2番目の高水準だったが、直近は需要が減っている。月次ベースでは22年10月に前年同月比で5.5％減少と2年ぶりに前年割れに転じ、11月も7.7％減った。受注の内需のうち半導体やスマホ向けを含む電気・精密用途は11月まで3カ月連続で減った。

半導体の国際団体SEMIは12月、23年の製造装置の世界売上高が4年ぶりに減少に転じ、前年比16％減の912億ドル（約12兆700億円）になる見通しを発表した。工作機械の主要な取引先の半導体製造装置の需要が一巡している。今後はデータセンター向けの半導体需要も減速するとの見方も出ている。これまでけん引役だった半導体やスマホの引き合いが弱まり、テック企業関連の先行き不安を映している。

インフレ抑制を目的とした世界的な利上げの動きも企業の投資意欲に水を差す。米国は政策金利が5％に接近し、「（部品加工を受託する中小製造業者である）ジョブショップを中心に投資姿勢が厳しくなっている」（稲葉会長）という。利上げは投資時の金利負担の増加と消費が落ち込むとの二重の警戒感につながっている。

もっとも製造現場での人手不足を背景とした省人化のニーズは根強い。複数の工程を1台で手掛け、省人化につながる工作機械の需要は堅調だ。ロボット需要も伸びる。日本ロボット工業会は23年の受注が約1兆1500億円と前年比3.6％増えると見通す。

電気自動車（EV）への移行を背景にした投資も追い風で、省人化の投資とともに今後の需要を下支えしそうだ。「省人化や脱炭素対応への投資などを背景に、23年後半からは需要が伸びる」（オークマの家城淳社長）との声も出ていた。

（2023年1月11日　日本経済新聞）

現職者・退職者が語る 機械業界の口コミ

※編集部に寄せられた情報を基に作成

▶ 労働環境

職種：機械設計　　年齢・性別：30代後半・男性

・新卒入社時の給料は月並みですが，その後の伸びは悪くないです。
・コンサルや商社のようなレベルの高給はあり得ませんが。
・30－45h／月の残業代込みと考えれば，十分高給の部類に入るかと。
・査定はほぼ年功序列で，同期入社であれば大きな差はつきません。

職種：研究開発　　年齢・性別：30代前半・男性

・有給休暇の取得は促進されており，連続15日以上の取得も可能です。
・会社側が連休を作っていて，9連休は年間4回もあります。
・休暇制度については大抵の企業よりも整っていると言えるでしょう。
　休日出勤は年に数回ある程度で，残業代は全額支払われます。

職種：海外営業　　年齢・性別：20代後半・男性

・ネームバリューもあり，体制，福利厚生面でも非常に良い環境です。
・成果に厳しいですが，チーム一丸となっている雰囲気があります。
・仕事内容は部署により違いますが，任せられる業務の幅も広いです。
・自分の個性を生かして仕事ができ，自身の成長を日々感じられます。

職種：法人営業　　年齢・性別：20代後半・男性

・上司と部下の関係はガチガチの縦社会ではなくフランクな感じです。
・基本的には，役職名ではなく，さん付け呼称があたりまえです。
・部署によっては雰囲気はかなり違うようですが。
・仕事のやり方は裁量ある任され方なので，各人の自由度は高いです。

▶福利厚生

職種：機械設計　　年齢・性別：30代後半・男性

・寮や社宅は築年数の当たりハズレはありますが，充実しています。
・寮や社宅は近い将来にリニューアルするという話もあります。
・社宅を出ると，住宅補助は一切出ません。
・社宅は15年，寮は30歳または5年の遅い方という年限があります。

職種：社内SE　　年齢・性別：30代後半・男性

・大企業だけあって福利厚生は充実しています。
・独身の場合30歳まで寮があり，寮費は光熱費込み約1万円です。
・既婚者には社宅があり，一般家賃相場の2割～3割で借りられます。
・持株会があり，積立額の10～15%を会社補助により上乗せされます。

職種：法人営業　　年齢・性別：20代後半・男性

・寮・社宅は素晴らしいの一言で，都内の一等地にあり，金額も破格。都内勤務だと安い社食が利用でき，社食以外だと1食500円の補助も。
・保養施設等はあまり充実していませんが，寮・社宅が補っています。工場勤務になると所内のイベントも数多くあります。

職種：制御設計　　年齢・性別：30代後半・男性

・古い大企業なので，独身寮や社宅等の入居費は本当に安いです。
・住宅補助が給与の低さをある程度は補ってくれています。
・関西地区には保養所もあって，皆使っているようです。
・残業については，現場によってとんでもない残業時間になる場合も。

▶仕事のやりがい

職種：研究開発　　年齢・性別：30代前半・男性

・自身の仕事が全国的なニュースに直結することが非常に多いです。
・国の威信を支える仕事に少数精鋭で携われ，やりがいを感じます。
・この会社は採用時点で部まで決定するので，配属は希望通りです。
・航空宇宙をやりたい人間にとっては最高の環境だと思います。

職種：経理　　年齢・性別：20代後半・男性

・社会インフラに携わる仕事ですので，誇りを非常に持てます。
・企業の製品が実際に動いていく所を肌で感じながら仕事ができます。
　特に乗り物好きにはたまらない環境ではないでしょうか。
・若いうちから大きな裁量を任せられるので，やる気に繋がります。

職種：空調設計・設備設計　　年齢・性別：30代前半・男性

・自分がチャレンジしたいと思う仕事に携わらせてもらえます。
・社会の要となるインフラ設備に携われて，やりがいは大きいです。
・技術力が高い企業のため，仕事をやればやるほど成長できます。
・失敗しても上司がフォローしてくれるので，好きなように働けます。

職種：機械・機構設計，金型設計（機械）　　年齢・性別：30代後半・男性

・日本の基幹産業を担い，フィールドは陸・海・空に及びます。
・周りの人の技術力も高いため，毎日とても刺激があります。
・歴史が古く，優秀な人材が集まってくるのも非常に魅力です。
・伝統的に技術者への信頼が厚いため，誇りを持って働けます。

▶ブラック？ホワイト？

職種：機械・機構設計，金型設計（機械）　　年齢・性別：20代後半・男性

・家庭と仕事のバランスをとるのは正直難しいです。
・海外出張機会はわりと多く，1週間から3カ月くらいになることも。
・「家庭を重視する」という人は出世は難しいかもしれません。
・小さい子どもがいる人の負担はかなり大きいです。

職種：技能工（その他）　　年齢・性別：20代後半・男性

・福利厚生はものすごく整っていて，充実していると思います。
・しかし寮に関しては，隣の部屋の声が普通に聞こえてきます。
・会社のイベントは半強制的なもので，参加する意欲が失せます。
・待遇や給料は良いのですが，工場によっては環境が劣悪な場合も。

職種：機械・機構設計，金型設計（機械）　　年齢・性別：20代後半・男性

・研修制度はありますが，仕事が忙しく参加は難しいです。
・役職に就く人は仕事ができる反面，家庭とのバランスは難しい様子。
・英語を使った業務が大半のため，苦手意識がある人は苦労します。
・英語ができて，その上で技術的なスキルが必要となる業界です。

職種：経営管理　　年齢・性別：30代後半・男性

・一度事業所に配属されたら異動はないため，事業所の将来性が重要。
・業績の悪い事業所だと，管理職になった途端年収が下がる場合も。
・福利厚生は一通りありますが，それほど手厚くはないと思います。
・住宅補助はありませんが，食事補助が昼食時にあります。

▶女性の働きやすさ

職種：品質管理　　年齢・性別：20代後半・男性

- この会社では，女性はパートの人が多いです。
- 女性の待遇としては，産休など，一般的なものは揃っていますが。
- 女性の正社員自体少ないので，女性管理職も圧倒的に少ないです。
- 女性管理職は，勤続年数が長く年功序列で昇進しているようです。

職種：経理　　年齢・性別：20代後半・男性

- 出産休暇・育児休暇は非常に充実しており，取得率も高いです。
- 製造業という事もあってか全体的に女性社員の比率は低めです。
- 社内に女性が少ない分，女性管理職の数も圧倒的に少ないです。
- 性別問わず優秀な方は多いので，女性だからという心配は不要です。

職種：一般事務　　年齢・性別：20代後半・男性

- 女性の数は全体として少なく，待遇も悪くありません。
- 仕事内容としては若干補助的な仕事が多いように感じます。
- 総合職の方の待遇は良く，大切にする会社であると思います。
- それ故に少々甘めになっている所もあり，改善が必要なところも。

職種：人事　　年齢・性別：50代前半・男性

- 女性も管理職に多く就いています。
- 残業が多い部署もありますが，配置次第で働きやすいと思います。
- 能力さえあれば男女の区別なく扱われる点は魅力的だと思います。
- 結婚を機に辞める人もいますが，もったいないと思います。

▶ 今後の展望

職種：法人営業　　年齢・性別：20代後半・男性

- ・会社が古い体質のためか，一日中仕事をしない社員が多数います。
- ・海外展開も遅れており，将来性は乏しいように感じます。
- ・今後の事を考え，転職を検討している社員もちらほら。
- ・事業によっては子会社化が濃厚の為，逃げ出そうと考えている人も。

職種：購買・調達（機械）　　年齢・性別：20代後半・男性

- ・国内では業界最大規模ですが，今後内需の拡大は望めないでしょう。
- ・世界的に見ると競合他社に大きく遅れをとっている事業もあります。
- ・今後は海外に打って出るしかなく，厳しい競争が予想されます。
- ・直近ではガスタービン分野での世界再編がカギになってくるかと。

職種：人事　　年齢・性別：20代後半・男性

- ・社として女性基幹職の目標数値を掲げて，登用を進めています。
- ・ここ近年，新卒社員の女性の割合も上がってきています。
- ・育児休業制度を早期に取り入れた経緯もあって，取得率は高いです。
- ・今後更に，女性のための制度整備や社内風土の醸成を図る方針です。

職種：研究・開発（機械）　　年齢・性別：20代後半・男性

- ・福利厚生も整い，ワークライフバランスも取りやすいです。
- ・今後の方針として女性管理職者数を現状の3倍にするようです。
- ・女性社員のためのキャリアアップ施策も充実させていくようです。
- ・今後さらに労働環境も整い，女性も長く勤めやすくなると思います。

機械業界　国内企業リスト（一部抜粋）

会社名	本社住所
アタカ大機株式会社	大阪市此花区西九条 5 丁目 3 番 28 号（ナインティビル）
株式会社日本製鋼所	東京都品川区大崎 1 丁目 11 番 1 号
三浦工業株式会社	愛媛県松山市堀江町 7 番地
株式会社タクマ	兵庫県尼崎市金楽寺町 2 丁目 2 番 33 号
株式会社ツガミ	東京都中央区日本橋富沢町 12 番 20 号
オークマ株式会社	愛知県丹羽郡大口町下小口五丁目 25 番地の 1
東芝機械株式会社	静岡県沼津市大岡 2068-3
株式会社アマダ	神奈川県伊勢原市石田 200
アイダエンジニアリング株式会社	神奈川県相模原市緑区大山町 2 番 10 号
株式会社滝澤鉄工所	岡山市北区撫川 983
富士機械製造株式会社	愛知県知立市山町茶碓山 19 番地
株式会社牧野フライス製作所	東京都目黒区中根 2-3-19
オーエスジー株式会社	愛知県豊川市本野ケ原 3-22
ダイジェット工業株式会社	大阪市平野区加美東 2 丁目 1 番 18 号
旭ダイヤモンド工業株式会社	東京都千代田区紀尾井町 4 番 1 号
DMG 森精機株式会社	名古屋市中村区名駅 2 丁目 35 番 16 号
株式会社ディスコ	東京都大田区大森北 2 丁目 13 番 11 号
日東工器株式会社	東京都大田区仲池上 2 丁目 9 番 4 号
豊和工業株式会社	愛知県清須市須ケ口 1900 番地 1
大阪機工株式会社	兵庫県伊丹市北伊丹 8 丁目 10 番地
株式会社石川製作所	石川県白山市福留町 200 番地
東洋機械金属株式会社	兵庫県明石市二見町福里 523-1
津田駒工業株式会社	金沢市野町 5 丁目 18 番 18 号

会社名	本社住所
エンシュウ株式会社	静岡県浜松市南区高塚町 4888 番地
株式会社島精機製作所	和歌山市坂田 85 番地
株式会社日阪製作所	大阪市中央区伏見町 4-2-14 WAKITA 藤村御堂筋ビル 8F
株式会社やまびこ	東京都青梅市末広町 1-7-2
ペガサスミシン製造株式会社	大阪市福島区鷺洲五丁目 7 番 2 号
ナブテスコ株式会社	東京都千代田区平河町 2 丁目 7 番 9 号 JA 共済ビル
三井海洋開発株式会社	東京都中央区日本橋二丁目 3 番 10 号 日本橋丸善東急ビル 4 階・5 階
レオン自動機株式会社	栃木県宇都宮市野沢町 2-3
SMC 株式会社	東京都千代田区外神田 4-14-1 秋葉原 UDX 15 階
株式会社新川	東京都武蔵村山市伊奈平二丁目 51 番地の 1
ホソカワミクロン株式会社	大阪府枚方市招提田近 1 丁目 9 番地
ユニオンツール株式会社	東京都品川区南大井 6-17-1
オイレス工業株式会社	神奈川県藤沢市桐原町 8 番地
日精エー・エス・ビー機械株式会社	長野県小諸市甲 4586 番地 3
サトーホールディングス株式会社	東京都目黒区下目黒 1 丁目 7 番 1 号 ナレッジプラザ
日本エアーテック株式会社	東京都台東区入谷一丁目 14 番 9 号
日精樹脂工業株式会社	長野県埴科郡坂城町南条 2110 番地
ワイエイシイ株式会社	東京都昭島市武蔵野 3-11-10
株式会社小松製作所	東京都港区赤坂二丁目 3 番 6 号（コマツビル）
住友重機械工業株式会社	東京都品川区大崎 2 丁目 1 番 1 号
日立建機株式会社	東京都文京区後楽二丁目 5 番 1 号
日工株式会社	兵庫県明石市大久保町江井島 1013 番地の 1
巴工業株式会社	東京都品川区大崎一丁目 2 番 2 号 アートヴィレッジ大崎セントラルタワー 12 階
井関農機株式会社	東京都荒川区西日暮里 5 丁目 3 番 14 号
TOWA 株式会社	京都市南区上鳥羽上調子町 5 番地

会社名	本社住所
株式会社丸山製作所	東京都千代田区内神田三丁目 4 番 15 号
株式会社北川鉄工所	広島県府中市元町 77-1
株式会社クボタ	大阪市浪速区敷津東一丁目 2 番 47 号
荏原実業株式会社	東京都中央区銀座七丁目 14 番 1 号
三菱化工機株式会社	神奈川県川崎市川崎区大川町 2 番 1 号
月島機械株式会社	東京都中央区佃二丁目 17 番 15 号
株式会社帝国電機製作所	兵庫県たつの市新宮町平野 60 番地
株式会社東京機械製作所	東京都港区芝五丁目 2 6 番 2 4 号
新東工業株式会社	愛知県名古屋市中区錦一丁目 11 番 11 号 名古屋インターシティ 10 階
澁谷工業株式会社	石川県金沢市大豆田本町甲 5 8
株式会社アイチコーポレーション	埼玉県上尾市大字領家字山下 1152 番地の 10
株式会社小森コーポレーション	東京都墨田区吾妻橋 3-11-1
株式会社鶴見製作所	東京都台東区台東 1-33-8（本店大阪）
住友精密工業株式会社	兵庫県尼崎市扶桑町 1 番 10 号
酒井重工業株式会社	東京都港区芝大門 1-4-8 浜松町清和ビル 5 階
株式会社荏原製作所	東京都大田区羽田旭町 11-1
株式会社石井鐵工所	東京都中央区月島三丁目 2 6 番 1 1 号
株式会社西島製作所	大阪府高槻市宮田町一丁目一番 8 号
ダイキン工業株式会社	大阪市北区中崎西 2-4-12 梅田センタービル（総合受付 19 階）
オルガノ株式会社	東京都江東区新砂 1 丁目 2 番 8 号
トーヨーカネツ株式会社	東京都江東区東砂八丁目 19 番 20 号
栗田工業株式会社	東京都中野区中野 4 丁目 10 番 1 号 中野セントラルパークイースト
株式会社椿本チエイン	大阪市北区中之島 3-3-3（中之島三井ビルディング）
大同工業株式会社	石川県加賀市熊坂町イ 197 番地
日本コンベヤ株式会社	大阪府大東市緑が丘 2-1-1

会社名	本社住所
木村化工機株式会社	兵庫県尼崎市杭瀬寺島二丁目 1 番 2 号
アネスト岩田株式会社	横浜市港北区新吉田町 3176
株式会社ダイフク	大阪市西淀川区御幣島 3-2-11
株式会社 加藤製作所	東京都品川区東大井 1-9-37
油研工業株式会社	神奈川県綾瀬市上土棚中 4-4-34
株式会社タダノ	香川県高松市新田町甲 34 番地
フジテック株式会社	滋賀県彦根市宮田町 591-1
ＣＫＤ株式会社	愛知県小牧市応時 2-250
株式会社　キトー	山梨県中巨摩郡昭和町築地新居 2000
株式会社　平和	東京都台東区東上野一丁目 16 番 1 号
理想科学工業株式会社	東京都港区芝五丁目 34 番 7 号　田町センタービル
株式会社 SANKYO	東京都渋谷区渋谷三丁目 29 番 14 号
日本金銭機械株式会社	大阪市平野区西脇 2 丁目 3 番 15 号
株式会社マースエンジニアリング	東京都新宿区新宿一丁目 1 0 番 7 号
福島工業株式会社	大阪府大阪市西淀川区御幣島 3-16-11
株式会社オーイズミ	神奈川県厚木市中町二丁目 7 番 10 号
ダイコク電機株式会社	名古屋市中村区那古野一丁目 43 番 5 号
アマノ株式会社	神奈川県横浜市港北区大豆戸町 275 番地
ＪＵＫＩ株式会社	東京都多摩市鶴牧 2-11-1
サンデン株式会社	群馬県伊勢崎市寿町 20
蛇の目ミシン工業株式会社	東京都八王子市狭間町 1463
マックス株式会社	東京都中央区日本橋箱崎町 6-6
グローリー株式会社	兵庫県姫路市下手野 1-3-1
新晃工業株式会社	大阪府大阪市北区南森町 1 丁目 4 番 5 号
大和冷機工業株式会社	大阪市天王寺区小橋町 3 番 13 号 大和冷機上本町 DRK ビル

会社名	本社住所
セガサミーホールディングス株式会社	東京都港区東新橋一丁目 9 番 2 号 汐留住友ビル 21 階
日本ピストンリング株式会社	埼玉県さいたま市中央区本町東 5-12-10
株式会社 リケン	東京都千代田区九段北 1-13-5
TPR 株式会社	東京都千代田区丸の内 1-6-2 新丸の内センタービル 10F
ホシザキ電機株式会社	愛知県豊明市栄町南館 3-16
大豊工業株式会社	愛知県豊田市緑ヶ丘 3-65
日本精工株式会社	東京都品川区大崎 1-6-3（日精ビル）
NTN 株式会社	大阪府大阪市西区京町堀 1-3-17
株式会社ジェイテクト	大阪市中央区南船場 3 丁目 5 番 8 号
株式会社不二越	富山市不二越本町 1 丁目 1 番 1 号
日本トムソン株式会社	東京都港区高輪二丁目 19 番 19 号
THK 株式会社	東京都品川区西五反田三丁目 11 番 6 号
株式会社ユーシン精機	京都市伏見区久我本町 11-260
前澤給装工業株式会社	東京都目黒区鷹番二丁目 13 番 5 号
イーグル工業株式会社	東京都港区芝大門 1-12-15　正和ビル 7F
前澤工業株式会社	埼玉県川口市仲町 5 番 11 号
日本ピラー工業株式会社	大阪市淀川区野中南 2 丁目 11 番 48 号
株式会社キッツ	千葉県千葉市美浜区中瀬一丁目 10 番 1
日立工機株式会社	東京都港区港南二丁目 15 番 1 号（品川インターシティ A 棟）
株式会社マキタ	愛知県安城市住吉町 3 丁目 11 番 8 号
日立造船株式会社	大阪市住之江区南港北 1 丁目 7 番 89 号
三菱重工業株式会社	東京都港区港南 2-16-5（三菱重工ビル）
株式会社 IHI	東京都江東区豊洲三丁目 1-1 豊洲 IHI ビル

第**3**章

就職活動のはじめかた

入りたい会社は決まった。しかし「就職活動とはそもそも何をしていいのかわからない」「どんな流れで進むかわからない」という声は意外と多い。ここでは就職活動の一般的な流れや内容，対策について解説していく。

▶就職活動のスケジュール

3月　　　**4月**　　　　　　**6月**

就職活動スタート

> 2025年卒の就活スケジュールは,経団連と政府を中心に議論され,2024年卒の採用選考スケジュールから概ね変更なしとされている。

エントリー受付・提出

OB・OG訪問

> 企業の説明会には積極的に参加しよう。独自の企業研究だけでは見えてこなかった新たな情報を得る機会であるとともに,モチベーションアップにもつながる。また,説明会に参加した者だけに配布する資料などもある。

合同企業説明会　　　個別企業説明会

筆記試験・面接試験等始まる（3月〜）

内々定（大手企業）

2月末までにやっておきたいこと

就職活動が本格化する前に,以下のことに取り組んでおこう。
　◎自己分析　◎インターンシップ　◎筆記試験対策
　◎業界研究・企業研究　◎学内就職ガイダンス
自分が本当にやりたいことはなにか,自分の能力を最大限に活かせる会社はどこか。自己分析と企業研究を重ね,それを文章などにして明確にしておき,面接時に最大限に活用できるようにしておこう。

月　　　　　**8月**　　　　　**10月**

中小企業採用本格化

内定者の数が採用予定数に満たない企業，1年を通して採用を継続している企業，夏休み以降に採用活動を実施企業（後期採用）は採用活動を継続して行っている。大企業でも後期採用を行っていることもあるので，企業から内定が出ても，納得がいかなければ継続して就職活動を行うこともある。

中小企業の採用が本格化するのは大手企業より少し遅いこの時期から。HPなどで採用情報をつかむとともに，企業研究も怠らないようにしよう。

内々定とは10月1日以前に通知（電話等）されるもの。内定に関しては現在協定があり，10月1日以降に文書等にて通知される。

内々定（中小企業）　　　内定式（10月〜）

どんな人物が求められる？

多くの企業は，常識やコミュニケーション能力があり，社会のできごとに高い関心を持っている人物を求めている。これは「会社の一員として将来の企業発展に寄与してくれるか」という視点に基づく，もっとも普遍的な選考基準だ。もちろん，「自社の志望を真剣に考えているか」「自社の製品，サービスにどれだけの関心を向けているか」という熱意の部分も重要な要素になる。

就活ロールプレイ！

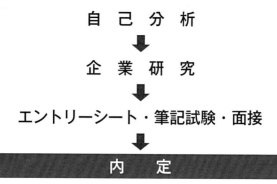

理論編 STEP 1 | 就職活動のスタート

内定までの道のりは，大きく分けると以下のようになる。

自 己 分 析

企 業 研 究

エントリーシート・筆記試験・面接

内 定

01 まず自己分析からスタート

就職活動とは，「企業に自分をPRすること」。自分自身の興味，価値観に加えて，強み・能力という要素が加わって，初めて企業側に「自分が働いたら，こういうポイントで貢献できる」と自分自身を売り込むことができるようになる。

■自分の来た道を振り返る

自己分析をするための第一歩は，「振り返ってみる」こと。

小学校，中学校など自分のいた"場"ごとに何をしたか（部活動など），何を学んだか，交友関係はどうだったか，興味のあったこと，覚えている印象的なことを書き出してみよう。

■テストを受けてみる

"自分では気がついていない能力"を客観的に検査してもらうことで，自分に向いている職種が見えてくる。下記の5種類が代表的なものだ。

①職業適性検査　　②知能検査　　③性格検査

④職業興味検査　　⑤創造性検査

■**先輩や専門家に相談してみる**

　就職活動をするうえでは，"いかに他人に自分のことをわかってもらうか"が重要なポイント。他者の視点で自分を分析してもらうことで，より客観的な視点で自己PRができるようになる。

自己分析の流れ

❏過去の経験を書いてみる

❏現在の自己イメージを明確にする…行動，考え方，好きなものなど。

❏他人から見た自分を明確にする

❏将来の自分を明確にしてみる…どのような生活をおくっていたいか。期待，夢，願望。なりたい自分はどういうものか，掘り下げて考える。→自己分析結果を，志望動機につなげていく。

01 企業の絞り込み

　志望企業の絞り込みについての考え方は大きく分けて2つある。

　第1は，同一業種の中で1次候補，2次候補……と絞り込んでいく方法。

　第2は，業種を1次，2次，3次候補と変えながら，それぞれに2社程度ずつ絞り込んでいく方法。

　第1の方法では，志望する同一業種の中で，一流企業，中堅企業，中小企業，縁故などがある歯止めの会社……というふうに絞り込んでいく。

　第2の方法では，自分が最も望んでいる業種，将来好きになれそうな業種，発展性のある業種，安定性のある業種，現在好況な業種……というふうに区別して，それぞれに適当な会社を絞り込んでいく。

02 情報の収集場所

・キャリアセンター

・新聞

・インターネット

・企業情報

『就職四季報』（東洋経済新報社刊），『日経会社情報』（日本経済新聞社刊）などの企業情報。この種の資料は本来"株式市場"についての資料だが，その時期の景気動向を含めた情報を仕入れることができる。

・経済雑誌

『ダイヤモンド』（ダイヤモンド社刊）や『東洋経済』（東洋経済新報社刊），『エコノミスト』（毎日新聞出版刊）など。

・OB・OG／社会人

①成長力

　まず"売上高"。次に資本力の問題や利益率などの比率。いくら資本金があっても，それを上回る膨大な借金を抱えていて，いくら稼いでも利払いに追われまくるようでは，成長できないし，安定できない。

　成長力を見るには自己資本率を割り出してみる。自己資本を総資本で割って100を掛けると自己資本率がパーセントで出てくる。自己資本の比率が高いほうが成長力もあり安定度も高い。

　利益率は純利益を売上高で割って100を掛ける。利益率が高ければ，企業はどんどん成長するし，社員の待遇も上昇する。利益率が低いということは，仕事がどんなに忙しくても利益にはつながらないということになる。

②技術力

　技術力は，短期的な見方と長期的な展望が必要になってくる。研究部門が適切な規模か，大学など企業外の研究部門との連絡があるか，先端技術の分野で開発を続けているかどうかなど。

③経営者と経営形態

　会社が将来，どのような発展をするか，または衰退するかは経営者の経営哲学，経営方針によるところが大きい。社長の経歴を知ることも必要。創始者の息子，孫といった親族が社長をしているのか，サラリーマン社長か，官庁などからの天下りかということも大切なチェックポイント。

④社風

　社風というのは先輩社員から後輩社員に伝えられ，教えられるもの。社風もいろいろな面から必ずチェックしよう。

⑤安定性

　企業が成長しているか，安定しているかということは車の両輪。どちらか片方の回転が遅くなっても企業はバランスを失う。安定し，しかも成長する。これが企業として最も理想とするところ。

⑥待遇

　初任給だけを考えてみても，それが手取りなのか，基本給なのか。基本給というのはボーナスから退職金，定期昇給の金額にまで響いてくる。また，待遇というのは給与ばかりではなく，福利厚生施設でも大きな差が出てくる。

■そのほかの会社比較の基準

1. ゆとり度

休暇制度は，企業によって独自のものを設定しているところもある。「長期休暇制度」といったものなどの制定状況と，また実際に取得できているかどうかも調べたい。

2. 独身寮や住宅設備

最近では，社宅は廃止し，住宅手当を多く出すという流れもある。寮や社宅についての福利厚生は調べておく。

3. オフィス環境

会社に根づいた慣習や社員に対する考え方が，意外にオフィスの設備やレイアウトに表れている場合がある。

たとえば，個人の専有スペースの広さや区切り方，パソコンなどOA機器の設置状況，上司と部下の机の配置など，会社によってずいぶん違うもの。玄関ロビーや受付の様子を観察するだけでも，会社ごとのカラーや特徴がどこかに見えてくる。

4. 勤務地

転勤はイヤ，どうしても特定の地域で生活していきたい。そんな声に応えて，最近は流通業などを中心に，勤務地限定の雇用制度を取り入れる企業も増えている。

---

column 初任給では分からない本当の給与

会社の給与水準には「初任給」「平均給与」「平均ボーナス」「モデル給与」など，判断材料となるいくつかのデータがある。これらのデータからその会社の給料の優劣を判断するのは非常に難しい。

たとえば中小企業の中には，初任給が飛び抜けて高い会社がときどきある。しかしその後の昇給率は大きくないのがほとんど。

一方，大手企業の初任給は業種間や企業間の差が小さく，ほとんど横並びと言っていい。そこで，「平均給与」や「平均ボーナス」などで将来の予測をするわけだが，これは一応の目安とはなるが，個人差があるので正確とは言えない。

---

04 就職ノートの作成

■決定版「就職ノート」はこう作る

　1冊にすべて書き込みたいという人には, ルーズリーフ形式のノートがお勧め。会社研究, スケジュール, 時事用語, OB／OG訪問, 切り抜きなどの項目を作りインデックスをつける。

　カレンダー, 説明会, 試験などのスケジュール表を貼り, とくに会社別の説明会, 面談, 書類提出, 試験の日程がひと目で分かる表なども作っておく。そして見開き2ページで1社を載せ, 左ページに企業研究, 右ページには志望理由, 自己PRなどを整理する。

就職ノートの主なチェック項目

- ❏企業研究…資本金, 業務内容, 従業員数など基礎的な会社概要から, 過去の採用状況, 業務報告などのデータ
- ❏採用試験メモ…日程, 条件, 提出書類, 採用方法, 試験の傾向など
- ❏店舗・営業所見学メモ…流通関係, 銀行などの場合は, 客として訪問し, 商品（値段, 使用価値, ユーザーへの配慮）, 店員（接客態度, 商品知識, 熱意, 親切度）, 店舗（ショーケース, 陳列の工夫, 店内の清潔さ）などの面をチェック
- ❏OB／OG訪問メモ…OB／OGの名前, 連絡先, 訪問日時, 面談場所, 質疑応答のポイント, 印象など
- ❏会社訪問メモ…連絡先, 人事担当者名, 会社までの交通機関, 最寄り駅からの地図, 訪問のときに得た情報や印象, 訪問にいたるまでの経過も記入

　「OB／OG訪問」は，実際は採用予備選考開始。まず，OB／OG訪問を希望したら，大学のキャリアセンター，教授などの紹介で，志望企業に勤める先輩の手がかりをつかむ。もちろん直接電話なり手紙で，自分の意向を会社側に伝えてもいい。自分の在籍大学，学部をはっきり言って，「先輩を紹介していただけないでしょうか」と依頼しよう。

参考 ▶

OB／OG訪問時の質問リスト例

● **採用について**
- ・成績と面接の比重
- ・評価のポイント
- ・採用までのプロセス（日程）
- ・筆記試験の傾向と対策
- ・面接は何回あるか
- ・コネの効力はどうか
- ・面接で質問される事項　etc.

● **仕事について**
- ・内容（入社10年, 20年のOB/OG）
- ・新入社員の仕事
- ・希望職種につけるのか
- ・やりがいはどうか
- ・残業，休日出勤，出張など
- ・同業他社と比較してどうか　etc.

● **社風について**
- ・社内のムード
- ・上司や同僚との関係
- ・仕事のさせ方　etc.

● **待遇について**
- ・給与について
- ・福利厚生の状態
- ・昇進のスピード
- ・離職率について　etc.

インターンシップとは，学生向けに企業が用意している「就業体験」プログラム。ここで学生はさまざまな企業の実態をより深く知ることができ，その後の就職活動において自己分析，業界研究，職種選びなどに活かすことができる。また企業側にとっても有能な学生を発掘できるというメリットがあるため，導入する企業は増えている。

インターンシップ参加が採用につながっているケースもあるため，たくさん参加してみよう。

column コネを利用するのも1つの手段？

コネを活用できるのは，以下のような場合である。

・企業と大学に何らかの「連絡」がある場合

企業の新卒採用の場合，特定校・指定校が決められていることもある。企業側が過去の実績などに基づいて決めており，大学の力が大きくものをいう。

とくに理工系では，指導教授や研究室と企業との連絡が密接な場合が多く，教授の推薦が有利であることは言うまでもない。同じ大学出身の先輩とのコネも，この部類に区分できる。

・志望企業と「関係」ある人と関係がある場合

一般的に言えば，志望企業の取り引き先関係からの紹介というのが一番多い。ただし，年間億単位の実績が必要で，しかも部長・役員以上につながっていなければコネがあるとは言えない。

・志望企業と何らかの「親しい関係」がある場合

志望企業に勤務したりアルバイトをしていたことがあるという場合。インターンシップもここに分類される。職場にも馴染みがあり人間関係もできているので，就職に際してきわめて有利。

・志望会社に関係する人と「縁故」がある場合

縁故を「血縁関係」とした場合，日本企業ではこのコネはかなり有効なところもある。ただし，血縁者が同じ会社にいるというのは不都合なことも多いので，どの企業も慎重。

07 会社説明会のチェックポイント

1. 受付の様子

　受付事務がテキパキとしていて，分かりやすいかどうか。社員の態度が親切で誠意が伝わってくるかどうか。

　こういった受付の様子からでも，その会社の社員教育の程度や，新入社員採用に対する熱意とか期待を推し測ることができる。

2. 控え室の様子

　控え室が2カ所以上あって，国立大学と私立大学の訪問者とが，別々に案内されているようなことはないか。また，面談の順番を意図的に変えているようなことはないか。これはよくある例で，すでに大半は内定しているということを意味する場合が多い。

3. 社内の雰囲気

　社員の話し方，その内容を耳にはさむだけでも，社風が伝わってくる。

4. 面談の様子

　何時間も待たせたあげくに，きわめて事務的に，しかも投げやりな質問しかしないような採用担当者である場合，この会社は人事が適正に行われていないということだから，一考したほうがよい。

 説明会での質問項目

・質問内容が抽象的でなく，具体性のあるものかどうか。
・質問内容は，現在の社会・経済・政治などの情況を踏まえた，
　大学生らしい高度で専門性のあるものか。
・質問をするのはいいが，「それでは，あなたの意見はどうか」と
　逆に聞かれたとき，自分なりの見解が述べられるものであるか。

　提出する書類は6種類。①〜③が大学に申請する書類，④〜⑥が自分で書く書類だ。大学に申請する書類は一度に何枚も入手しておこう。

①「卒業見込証明書」

②「成績証明書」

③「健康診断書」

④「履歴書」

⑤「エントリーシート」

⑥「会社説明会アンケート」

■自分で書く書類は「自己PR」

　第1次面接に進めるか否かは「自分で書く書類」の出来にかかっている。「履歴書」と「エントリーシート」は会社説明会に行く前に準備しておくもの。「会社説明会アンケート」は説明会の際に書き，その場で提出する書類だ。

01 履歴書とエントリーシートの違い

　Webエントリーを受け付けている企業に資料請求をすると，資料と一緒に「エントリーシート」が送られてくるので，応募サイトのフォームやメールでエントリーシートを送付する。Webエントリーを行っていない企業には，ハガキやメールで資料請求をする必要があるが，「エントリーシート」は履歴書とは異なり，企業が設定した設問に対して回答するもの。すなわちこれが「1次試験」であり，これにパスをした人だけが会社説明会に呼ばれる。

■字はていねいに

字を書くところから，その企業に対する"本気度"は測られている。

■誤字，脱字は厳禁

使用するのは，黒のインク。

■修正液使用は不可

■数字は算用数字

■自分の広告を作るつもりで書く

自分はこういう人間であり，何がしたいかということを簡潔に書く。メリットになることだけで良い。自分に損になるようなことを書く必要はない。

■「やる気」を示す具体的なエピソードを

「私はやる気があります」「私は根気があります」という抽象的な表現だけではNG。それを示すエピソードのようなものを書かなくては意味がない。

Point

自己紹介欄の項目はすべて「自己PR」。自分はこういう人間であることを印象づけ，それがさらに企業への「志望動機」につながっていくような書き方をする。

column 履歴書やエントリーシートは，共通でもいい？

「履歴書」や「エントリーシート」は企業によって書き分ける。業種はもちろん，同じ業界の企業であっても求めている人材が違うからだ。各書類は提出前にコピーを取り，さらに出した企業名を忘れずに書いておくことも大切だ。

履歴書記入のPoint

写真	スナップ写真は不可。 スーツ着用で，胸から上の物を使用する。ポイントは「清潔感」。 氏名・大学名を裏書きしておく。
日付	郵送の場合は投函する日，持参する場合は持参日の日付を記入する。
生年月日	西暦は避ける。元号を省略せずに記入する。
氏名	戸籍上の漢字を使う。印鑑押印欄があれば忘れずに押す。
住所	フリガナ欄がカタカナであればカタカナで，平仮名であれば平仮名で記載する。
学歴	最初の行の中央部に「学□□歴」と2文字程度間隔を空けて，中学校卒業から大学（卒業・卒業見込み）まで記入する。 中途退学の場合は，理由を簡潔に記載する。留年は記入する必要はない。 職歴がなければ，最終学歴の一段下の行の右隅に，「以上」と記載する。
職歴	最終学歴の一段下の行の中央部に「職□□歴」と2文字程度間隔を空け記入する。 「株式会社」や「有限会社」など，所属部門を省略しないで記入する。 「同上」や「〃」で省略しない。 最終職歴の一段下の行の右隅に，「以上」と記載する。
資格・免許	4級以下は記載しない。学習中のものも記載して良い。 「普通自動車第一種運転免許」など，省略せずに記載する。
趣味・特技	具体的に（例：読書でもジャンルや好きな作家を）記入する。
志望理由	その企業の強みや良い所を見つけ出したうえで，「自分の得意な事」がどう活かせるかなどを考えぬいたものを記入する。
自己PR	応募企業の事業内容や職種にリンクするような，自分の経験やスキルなどを記入する。
本人希望欄	面接の連絡方法，希望職種・勤務地などを記入する。「特になし」や空白はNG。
家族構成	最初に世帯主を書き，次に配偶者，それから家族を祖父母，兄弟姉妹の順に。続柄は，本人から見た間柄。兄嫁は，義姉と書く。
健康状態	「良好」が一般的。

01 エントリーシートの目的

・応募者を，決められた採用予定者数に絞り込むこと
・面接時の資料にする

の2つ。

■知りたいのは職務遂行能力

　採用担当者が学生を見る場合は，「こいつは与えられた仕事をこなせるかどうか」という目で見ている。企業に必要とされているのは仕事をする能力なのだ。

Point

> 質問に忠実に，"自分がいかにその会社の求める人材に当てはまるか"を
> 丁寧に答えること。

02 効果的なエントリーシートの書き方

■情報を伝える書き方

　課題をよく理解していることを相手に伝えるような気持ちで書く。

■文章力

　大切なのは全体のバランスが取れているか。書く前に，何をどれくらいの字数で収めるか計算しておく。

　「起承転結」でいえば，「起」は，文章を起こす導入部分。「承」は，起を受けて，その提起した問題に対して承認を求める部分。「転」は，自説を展開する部分。もっともオリジナリティが要求される。「結」は，最後の締めの結論部分。文章の構成・まとめる力で，総合的な能力が高いことをアピールする。

表現力, 理解力のチェックポイント

- ❏ 文法, 語法が正しいかどうか
- ❏ 論旨が論理的で一貫しているかどうか
- ❏ 1センテンスが簡潔かどうか
- ❏ 表現が統一されているかどうか (「です, ます」調か「だ, である」調か)

01 個人面接

●自由面接法

面接官と受験者のキャラクターやその場の雰囲気，質問と応答の進行具合などによって雑談形式で自由に進められる。

●標準面接法

自由面接法とは逆に，質問内容や評価の基準などがあらかじめ決まっている。実際には自由面接法と併用で，おおまかな質問事項や判定基準，評価ポイントを決めておき，質疑応答の内容上の制限を緩和しておくスタイルが一般的。1次面接などでは標準面接法をとり，2次以降で自由面接法をとる企業も多い。

●非指示面接法

受験者に自由に発言してもらい，面接官は話題を引き出したりするときなど，最小限の質問をするという方法。

●圧迫面接法

わざと受験者の精神状態を緊張させ，受験者がどのような応答をするかを観察し，判定する。受験者は，冷静に対応することが肝心。

02 集団面接

面接の方法は個人面接と大差ないが，面接官がひとつの質問をして，受験者が順にそれに答えるという方法と，面接官が司会役になって，座談会のような形式で進める方法とがある。

座談会のようなスタイルでの面接は，なるべく受験者全員が関心をもっているような話題を取りあげ，意見を述べさせるという方法。この際，司会役以外の面接官は一言も発言せず，判定・評価に専念する。

03 グループディスカッション

　グループディスカッション（以下，GD）の時間は30〜60分程度，1グループの人数は5〜10人程度で，司会は面接官が行う場合や，時間を決めて学生が交替で行うことが多い。面接官は内容については特に指示することはなく，受験者がどのようにGDを進めるかを観察する。

　評価のポイントは，全体的には理解力，表現力，指導性，積極性，協調性など，個別的には性格，知識，適性などが観察される。

　GDの特色は，集団の中での個人ということで，受験者の能力がどの程度のものであるか，また，どのようなことに向いているかを判定できること。受験者は，グループの中における自分の位置を面接官に印象づけることが大切だ。

グループディスカッション方式の面接におけるチェックポイント

- ❏全体の中で適切な論点を提供できているかどうか。
- ❏問題解決に役立つ知識を持っているか，また提供できているかどうか。
- ❏もつれた議論を解きほぐし，的はずれの議論を元に引き戻す努力をしているかどうか。
- ❏グループ全体としての目標をいつも考えているかどうか。
- ❏感情的な対立や攻撃をしかけているようなことはないか。
- ❏他人の意見に耳を傾け，よい意見には賛意を表し，それを全体に推し広げようという寛大さがあるかどうか。
- ❏議論の流れを自然にリードするような主導性を持っているかどうか。
- ❏提出した意見が議論の進行に大きな影響を与えているかどうか。

04 面接時の注意点

●控え室

　控え室には，指定された時間の15分前には入室しよう。そこで担当の係から，面接に際しての注意点や手順の説明が行われるので，疑問点は積極的に聞くようにし，心おきなく面接にのぞめるようにしておこう。会社によっては，所定のカードに必要事項を書き込ませたり，お互いに自己紹介をさせたりする場合もある。また，この控え室での行動も細かくチェックして，合否の資料にしている会社もある。

●**入室・面接開始**

　係員がドアの開閉をしてくれる場合もあるが，それ以外は軽くノックして入室し，必ずドアを閉める。そして入口近くで軽く一礼し，面接官か補助員の「どうぞ」という指示で正面の席に進み，ここで再び一礼をする。そして，学校名と氏名を名のって静かに着席する。着席時は，軽く椅子にかけるようにする。

●**面接終了と退室**

　面接の終了が告げられたら，椅子から立ち上がって一礼し，椅子をもとに戻して，面接官または係員の指示を受けて退室する。

　その際も，ドアの前で面接官のほうを向いて頭を下げ，静かにドアを開閉する。控え室に戻ったら，係員の指示を受けて退社する。

05 面接試験の評定基準

●**協調性**

　企業という「集団」では，他人との協調性が特に重視される。

　感情や態度が円満で調和がとれていること，極端に好悪の情が激しくなく，物事の見方や考え方が穏健で中立であることなど，職場での人間関係を円滑に進めていくことのできる人物かどうかが評価される。

●**話し方**

　外観印象的には，言語の明瞭さや応答の態度そのものがチェックされる。小さな声で自信のない発言，乱暴野卑な発言は減点になる。

　考えをまとめたら，言葉を選んで話すくらいの余裕をもって，真剣に応答しようとする姿勢が重視される。軽率な応答をしたり，まして発言に矛盾を指摘されるような事態は極力避け，もしそのような状況になりそうなときは，自分の非を認めてはっきりと謝るような態度を示すべき。

●**好感度**

　実社会においては，外観による第一印象が，人間関係や取引に大きく影響を及ぼす。

　「フレッシュな爽やかさ」に加え，入社志望など，自分の意思や希望をより明確にすることで，強い信念に裏づけられた姿勢をアピールできるよう努力したい。

●**判断力**

何を質問されているのか，何を答えようとしているのか，常に冷静に判断していく必要がある。

●表現力

話に筋道が通り理路整然としているか，言いたいことが簡潔に言えるか，話し方に抑揚があり聞く者に感銘を与えるか，用語が適切でボキャブラリーが豊富かどうか。

●積極性

活動意欲があり，研究心旺盛であること，進んで物事に取り組み，創造的に解決しようとする意欲が感じられること，話し方にファイトや情熱が感じられること，など。

●計画性

見通しをもって順序よく合理的に仕事をする性格かどうか，またその能力の有無。企業の将来性のなかに，自分の将来をどうかみ合わせていこうとしているか，現在の自分を出発点として，何を考え，どんな仕事をしたいのか。

●安定性

情緒の安定は，社会生活に欠くことのできない要素。自分自身をよく知っているか，他の人に流されない信念をもっているか。

●誠実性

自分に対して忠実であろうとしているか，物事に対してどれだけ誠実な考え方をしているか。

●社会性

企業は集団活動なので，自分の考えに固執したり，不平不満が多い性格は向かない。柔軟で適応性があるかどうか。

Point

清潔感や明朗さ，若々しさといった外観面も重視される。

06 面接試験の質問内容

1. 志望動機

受験先の概要や事業内容はしっかりと頭の中に入れておく。また，その企業の企業活動の社会的意義と，自分自身の志望動機との関連を明確にしておく。「安定している」「知名度がある」「将来性がある」といった利己的な動機，「自

分の性格に合っている」というような，あいまいな動機では説得力がない。安定性や将来性は，具体的にどのような企業努力によって支えられているのかという考察も必要だし，それに対する受験者自身の評価や共感なども問われる。

①どうしてその業種なのか

②どうしてその企業なのか

③どうしてその職種なのか

以上の①〜③と，自分の性格や資質，専門などとの関連性を説明できるようにしておく。

自分がどうしてその会社を選んだのか，どこに大きな魅力を感じたのかを，できるだけ具体的に，情熱をもって語ることが重要。自分の長所と仕事の適性を結びつけてアピールし，仕事のやりがいや仕事に対する興味を述べるのもよい。

■複数の企業を受験していることは言ってもいい？

同じ職種，同じ業種で何社かかけもちしている場合，正直に答えてもかまわない。しかし，「第一志望はどこですか」というような質問に対して，正直に答えるべきかどうかというと，やはりこれは疑問がある。どんな会社でも，他社を第一志望にあげられれば，やはり愉快には思わない。

また，職種や業種の異なる会社をいくつか受験する場合も同様で，極端に性格の違う会社をあげれば，その矛盾を突かれるのは必至だ。

2. 仕事に対する意識・職業観

採用試験の段階では，次年度の配属予定が具体的に固まっていない会社もかなりある。具体的に職種や部署などを細分化して募集している場合は別だが，そうでない場合は，希望職種をあまり狭く限定しないほうが賢明。どの業界においても，採用後，新入社員には，研修としてその会社の各セクションをひと通り経験させる企業は珍しくない。そのうえで，具体的な配属計画を検討するのだ。

大切なことは，就職や職業というものを，自分自身の生き方の中にどう位置づけるか，また，自分の生活の中で仕事とはどういう役割を果たすのかを考えてみること。つまり自分の能力を活かしたい，社会に貢献したい，自分の存在価値を社会的に実現してみたい，ある分野で何か自分の力を試してみたい……，などの場合を考え，それを自分自身の人生観，志望職種や業種などとの関係を考えて組み立ててみる。自分の人生観をもとに，それを自分の言葉で表現できるようにすることが大切。

3. 自己紹介・自己PR

性格そのものを簡単に変えたり，欠点を克服したりすることは実際には難しいが，"仕方がない"という姿勢を見せることは禁物で，どんなささいなことでも，努力している面をアピールする。また一般的にいって，専門職を除けば，就職時になんらかの資格や技能を要求する企業は少ない。

　ただ，資格をもっていれば採用に有利とは限らないが，専門性を要する業種では考慮の対象とされるものもある。たとえば英検，簿記など。

　企業が学生に要求しているのは，4年間の勉学を重ねた学生が，どのように仕事に有用であるかということで，学生の知識や学問そのものを聞くのが目的ではない。あくまで，社会人予備軍としての謙虚さと素直さを失わないようにする。

　知識や学力よりも，その人の人間性，ビジネスマンとしての可能性を重視するからこそ，面接担当者は，学生生活全般について尋ねることで，書類だけでは分からない人間性を探ろうとする。

　何かうち込んだものや思い出に残る経験などは，その人の人間的な成長になんらかの作用を及ぼしているものだ。どんな経験であっても，そこから受けた印象や教訓などは，明確に答えられるようにしておきたい。

4. 一般常識・時事問題

　一般常識・時事問題については筆記試験の分野に属するが，面接でこうしたテーマがもち出されることも珍しくない。受験者がどれだけ社会問題に関心をもっているか，一般常識をもっているか，また物事の見方・考え方に偏りがないかなどを判定する。知識や教養だけではなく，一問一答の応答を通じて，その人の性格や適応能力まで判断されることになる。

07 面接に向けての事前準備

■面接試験1カ月前までには万全の準備をととのえる

●志望会社・職種の研究

　新聞の経済欄や経済雑誌などのほか，会社年鑑，株式情報など書物による研究をしたり，インターネットにあがっている企業情報や，検索によりさまざまな角度から調べる。すでにその会社へ就職している先輩や知人に会って知識を得たり，大学のキャリアセンターへ情報を求めるなどして総合的に判断する。

■専攻科目の知識・卒論のテーマなどの整理

大学時代にどれだけ勉強してきたか，専攻科目や卒論のテーマなどを整理しておく。

■時事問題に対する準備

毎日欠かさず新聞を読む。志望する企業の話題は，就職ノートに整理するなどもアリ。

面接当日の必需品

❏必要書類（履歴書，卒業見込証明書，成績証明書，健康診断書，推薦状）

❏学生証

❏就職ノート（志望企業ファイル）

❏印鑑，朱肉

❏筆記用具（万年筆，ボールペン，サインペン，シャープペンなど）

❏手帳，ノート

❏地図（訪問先までの交通機関などをチェックしておく）

❏現金（小銭も用意しておく）

❏腕時計（オーソドックスなデザインのもの）

❏ハンカチ，ティッシュペーパー

❏くし，鏡（女性は化粧品セット）

❏シューズクリーナー

❏ストッキング

❏折りたたみ傘（天気予報をチェックしておく）

❏携帯電話，充電器

■一般常識試験

> 社会人として企業活動を行ううえで最低限必要となる一般常識のほか，
> 英語，国語，社会(時事問題)，数学などの知識の程度を確認するもの。

　難易度はおおむね中学・高校の教科書レベル。一般常識の問題集を1冊やっておけばよいが，業界によっては専門分野が出題されることもあるため，必ず志望する企業のこれまでの試験内容は調べておく。

■一般常識試験の対策

・英語　慣れておくためにも，教科書を復習する，英字新聞を読むなど。

・国語　漢字，四字熟語，反対語，同音異義語，ことわざをチェック。

・時事問題　新聞や雑誌,テレビ,ネットニュースなどアンテナを張っておく。

■適性検査

　SPI (Synthetic Personality Inventory) 試験 (SPI3試験) とも呼ばれ，能力テストと性格テストを合わせたもの。

　能力テストでは国語能力を測る「言語問題」と,数学能力を測る「非言語問題」がある。言語的能力，知覚能力，数的能力のほか，思考・推理能力，記憶力，注意力などの問題で構成されている。

　性格テストは「はい」か「いいえ」で答えていく。仕事上の適性と性格の傾向などが一致しているかどうかをみる。

> SPIは職務への適応性を客観的にみるためのもの。

01 「論文」と「作文」

　一般に「論文」はあるテーマについて自分の意見を述べ，その論証をする文章で，必ず意見の主張とその論証という2つの部分で構成される。問題提起と論旨の展開，そして結論を書く。

　「作文」は，一般的には感想文に近いテーマ，たとえば「私の興味」「将来の夢」といったものがある。

　就職試験では「論文」と「作文」を合わせた"論作文"とでもいうようなものが出題されることが多い。

　論作文試験とは，「文章による面接」。テーマに書き手がどういう態度を持っているかを知ることが，出題の主な目的だ。受験者の知識・教養・人生観・社会観・職業観，そして将来への希望などが，どのような思考を経て，どう表現されているかによって，企業にとって，必要な人物かどうかを判断している。

　論作文の場合には，書き手の社会的意識や考え方に加え，「感銘を与える」働きが要求される。就職活動とは，企業に対し「自分をアピールすること」だということを常に念頭に置いておきたい。

Point

論文と作文の違い

	論　文	作　文
テーマ	学術的・社会的・国際的なテーマ。時事，経済問題など	個人的・主観的なテーマ。人生観，職業観など
表現	自分の意見や主張を明確に述べる。	自分の感想を述べる。
展開	四段型（起承転結）の展開が多い。	三段型（はじめに・本文・結び）の展開が多い。
文体	「だ調・である調」のスタイルが多い。	「です調・ます調」のスタイルが多い。

・テーマ

与えられた課題（テーマ）を，受験者はどのように理解しているか。

出題されたテーマの意義をよく考え，それに対する自分の意見や感情が，十分に整理されているかどうか。

・表現力

課題について本人が感じたり，考えたりしたことを，文章で的確に表しているか。

・字・用語・その他

かなづかいや送りがなが合っているか，文中で引用されている格言やことわざの類が使用法を間違えていないか，さらに誤字・脱字に至るまで，文章の基本的な力が受験者の人柄ともからんで厳密に判定される。

・オリジナリティ

魅力がある文章とは，オリジナリティを率直に出すこと。自分の感情や意見を，自分の言葉で表現する。

・生活態度

文章は，書き手の人格や人柄を映し出す。平素の社会的関心や他人との協調性，趣味や読書傾向はどうであるかといった，受験者の日常における生き方，生活態度がみられる。

・字の上手・下手

できるだけ読みやすい字を書く努力をする。また，制限字数より文章が長くなって原稿用紙の上下や左右の空欄に書き足したりすることは避ける。消しゴムで消す場合にも，丁寧に。

いずれの場合でも，表面的な文章力を問うているのではなく，受験者の人柄のほうを重視している。

マナーチェックリスト

就活において企業の人事担当は，面接試験やOG／OB訪問，そして面接試験において，あなたのマナーや言葉遣いといった，「常識力」をチェックしている。現在の自分はどのくらい「常識力」が身についているかをチェックリストで振りかえり，何ができて，何ができていないかを明確にしたうえで，今後の取り組みに生かしていこう。

評価基準　5：大変良い　4：やや良い　3：どちらともいえない　2：やや悪い　1：悪い

	項　目	評　価	メ　モ
挨拶	明るい笑顔と声で挨拶をしているか		
	相手を見て挨拶をしているか		
	相手より先に挨拶をしているか		
	お辞儀を伴った挨拶をしているか		
	直接の応対者でなくても挨拶をしているか		
表情	笑顔で応対しているか		
	表情に私的感情がでていないか		
	話しかけやすい表情をしているか		
	相手の話は真剣な顔で聞いているか		
身だしなみ	前髪は目にかかっていないか		
	髪型は乱れていないか／長い髪はまとめているか		
	髭の剃り残しはないか／化粧は健康的か		
	服は汚れていないか／清潔に手入れされているか		
	機能的で職業・立場に相応しい服装をしているか		
	華美なアクセサリーはつけていないか		
	爪は伸びていないか		
	靴下の色は適当か／ストッキングの色は自然な肌色か		
	靴の手入れは行き届いているか		
	ポケットに物を詰めすぎていないか		

項　目	評　価	メ　モ
専門用語を使わず，相手にわかる言葉で話しているか		
状況や相手に相応しい敬語を正しく使っているか		
相手の聞き取りやすい音量・速度で話しているか		
語尾まで丁寧に話しているか		
気になる言葉癖はないか		
物の授受は両手で丁寧に実施しているか		
案内・指し示し動作は適切か		
キビキビとした動作を心がけているか		
勤務時間・指定時間の5分前には準備が完了しているか		
心身ともに健康管理をしているか		
仕事とプライベートの切替えができているか		

(左端見出し：言葉遣い／動作／心構え)

☑ 常に自己点検をするクセをつけよう

「人を表情やしぐさ，身だしなみなどの見かけで判断してはいけない」と一般にいわれている。確かに，人の個性は見かけだけではなく，内面においても見いだされるもの。しかし，私たちは人を第一印象である程度決めてしまう傾向がある。それが面接試験など初対面の場合であればなおさらだ。したがって，チェックリストにあるような挨拶，表情，身だしなみ等に注意して面接試験に臨むことはとても重要だ。ただ，これらは面接試験前にちょっと対策したからといって身につくようなものではない。付け焼き刃的な対策をして面接試験に臨んでも，面接官はあっという間に見抜いてしまう。日頃からチェックリストにあるような項目を意識しながら行動することが大事であり，そうすることで，最初はぎこちない挨拶や表情等も，その人の個性に応じたすばらしい所作へ変わっていくことができるのだ。さっそく，本日から実行してみよう。

面接試験において，印象を決定づける表情はとても大事。
どのようにすれば感じのいい表情ができるのか，ポイントを確認していこう。

明るく,温和で
柔らかな表情をつくろう

人間関係の潤滑油

表情に関しては，まずは豊かである
ということがベースになってくる。う
れしい表情，困った表情，驚いた表
情など，さまざまな気持ちを表現で
きるということが，人間関係を潤いの
あるものにしていく。

Point

　表情はコミュニケーションの大前提。相手に「いつでも話しかけてくださ
いね」という無言の言葉を発しているのが，就活に求められる表情だ。面接
官が安心してコミュニケーションをとろうと思ってくれる表情。それが，明
るく，温和で柔らかな表情となる。

カンタンTraining

Training **01**

喜怒哀楽を表してみよう

- ・人との出会いを楽しいと思うことが表情の基本
- ・表情を豊かにする大前提は相手の気持ちに寄り添うこと
- ・目元・口元だけでなく，眉の動きを意識することが大事

Training **02**

表情筋のストレッチをしよう

- ・表情筋は「ウイスキー」の発音によって鍛える
- ・意識して毎日，取り組んでみよう
- ・笑顔の共有によって相手との距離が縮まっていく

コミュニケーションは挨拶から始まり，その挨拶ひとつで印象は変わるもの。
ポイントを確認していこう。

丁寧にしっかりと
はっきり挨拶をしよう

人間関係の第一歩

挨拶は心を開いて，相手に近づくコ
ミュニケーションの第一歩。たかが
挨拶，されど挨拶の重要性をわきま
えて，きちんとした挨拶をしよう。形，
つまり"技"も大事だが，心をこめ
ることが最も重要だ。

Point

　挨拶はコミュニケーションの第一歩。相手が挨拶するのを待っているの
は望ましくない。挨拶の際のポイントは丁寧であることと，はっきり声に出
すことの2つ。丁寧な挨拶は，相手を大事にして迎えている気持ちの表れ
となる。はっきり声に出すことで，これもきちんと相手を迎えていることが
伝わる。また，相手もその応答として挨拶してくれることで，会ってすぐに
双方向のコミュニケーションが成立する。

いますぐデキる
カンタンTraining

Training **01**

3つのお辞儀をマスターしよう

① 会釈（15度）　　　② 敬礼（30度）　　　③ 最敬礼（45度）

- 息を吸うことを意識してお辞儀をするとキレイな姿勢に
- 目線は真下ではなく，床前方1.5m先ぐらいを見よう
- 相手への敬意を忘れずに

Training **02**

対面時は言葉が先，お辞儀が後

- 相手に体を向けて先に自ら挨拶をする
- 挨拶時，相手とアイコンタクトを
  しっかり取ろう
- 挨拶の後に，お辞儀をする。
  これを「語先後礼」という

コミュニケーションは「話す」よりも「聞く」ことといわれる。相手が話しやすい聞き方の，ポイントを確認しよう。

受容の立場で
傾聴しよう

相手の話を受けとめる

話を聞くときは，やや前に傾く姿勢をとる。表情と姿勢が合わさることにより，話し手の心が開き「あれも，これも話そう」という気持ちになっていく。また，「はい」と一度のお辞儀で頷くと相手の話を受け止めているというメッセージにつながる。

Point

　話をすること，話を聞いてもらうことは誰にとってもプレッシャーを伴うもの。そのため，「何でも話して良いんですよ」「何でも話を聞きますよ」「心配しなくて良いんですよ」という気持ちで聞くことが大切になる。その気持ちが聞く姿勢に表れれば，相手は安心して話してくれる。

カンタンTraining

Training 01

頷きは一度で

- ・相手が話した後に「はい」と 一言発する
- ・頷きすぎは逆効果

Training 02

目線は自然に

- ・鼻の付け根あたりを見ると 自然な印象に
- ・目を見つめすぎるのはNG

Training 03

話の句読点で視線を移す

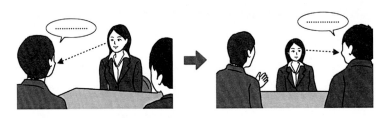

- ・視線は話している人を見ることが基本
- ・複数の人の話を聞くときは句読点を意識し, 視線を振り分けることで聞く姿勢を表す

STEP 4 　伝わる話し方

自分の意思を相手に明確に伝えるためには，話し方が重要となる。はっきりと的確に話すためのポイントを確認しよう。

明るい発声を心がけよう

ボリュームを意識して

話すときのポイントとしては，ボリュームを意識することが挙げられる。会議室の一番奥にいる人に声が届くように意識することで，声のボリュームはコントロールされていく。

Point

　コミュニケーションとは「伝達」すること。どのようなことも，適当に伝えるのではなく，伝えるべきことがきちんと相手に届くことが大切になる。そのためには，はっきりと，分かりやすく，丁寧に，心を込めて話すこと。言葉だけでなく，表情やジェスチャーを加えることも有効。

カンタンTraining

Training 01

腹式呼吸で発声練習

- ・「あえいうえおあお」と発声する
- ・腹式呼吸は，胸部をなるべく動かさずに，息を吸うときにお腹や腰が膨らむよう意識する呼吸法

Training 02

早口言葉にチャレンジ

おあやや
母親に
お謝り

- ・「おあやや，母親に，お謝り」と早口で
- ・口がすぼまった「お」と口が開いた「あ」の発音に，変化をつけられるかがポイント

Training 03

ジェスチャーを有効活用

- ・腰より上でジェスチャーをする
- ・体から離した位置に手をもっていく
- ・ジェスチャーをしたら戻すところをさだめておく

STEP 5 身だしなみ

身だしなみはその人自身を表すもの。身だしなみの基本について，ポイントを
確認しよう。

清潔感,さわやかさを
醸し出せるようにしよう

プロの企業人に
ふさわしい身だしなみを

信頼感，安心感をもたれる身だしな
みを考えよう。TPOに合わせた服装は,
すなわち"礼"を表している。そして,
身だしなみには,「清潔感」,「品のよさ」,
「控え目である」という，3つのポイ
ントがある。

Point

相手との心理的な距離や物理的な距離が遠ければ，コミュニケーションは
成立しにくくなる。見た目が不潔では誰も近付いてこない。身だしなみが
清潔であること，爽やかであることは相手との距離を縮めることにも繋がる。

カンタンTraining

いますぐデキる

Training **01**

髪型，服装を整えよう

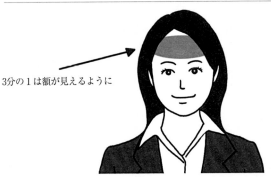

3分の1は額が見えるように

・男性も女性も眉が見える髪型が望ましい。3分の1は額が見えるように。額は知性と清潔感を伝える場所。男性の髪の長さは耳や襟にかからないように
・スーツで相手の前に立つときは，ボタンはすべて留める。男性の場合は下のボタンは外す

Training **02**

おしゃれとの違いを明確に

・爪はできるだけ切りそろえる
・爪の中の汚れにも注意
・ジェルネイル，ネイルアートはNG

Training **03**

足元にも気を配って

・女性の場合はパンプス，男性の場合は黒の紐靴が望ましい
・靴はこまめに汚れを落とし見栄えよく

就職活動のはじめかた　179

姿勢にはその人の意欲が反映される。前向き，活動的な姿勢を表すにはどうしたらよいか，ポイントを確認しよう。

前向き,活動的な 姿勢を維持しよう

一直線と左右対称

正しい立ち姿として，耳，肩，腰，くるぶしを結んだ線が一直線に並んでいることが最大のポイントになる。そのラインが直線に近づくほど立ち姿がキレイに整っていることになる。また，"左右対称"というのもキレイな姿勢の要素のひとつになる。

Point

　姿勢は，身体と心の状態を反映するもの。そのため，良い姿勢でいることは，印象が清々しいだけでなく，健康で元気そうに見え，話しかけやすさにも繋がる。歩く姿勢，立つ姿勢，座る姿勢など，どの場面にも心身の健康状態が表れるもの。日頃から心身の健康状態に気を配り，フィジカルとメンタル両面の自己管理を心がけよう。

カンタンTraining

Training 01

キレイな歩き方を心がけよう

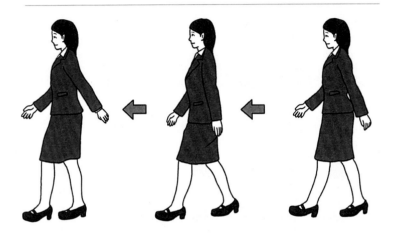

- 女性は1本の線上を，男性はそれよりも太い線上を沿うように歩く
- 一歩踏み出したときに前の足に体重を乗せるように，腰から動く
- 12時の方向につま先をもっていく

Training 02

前向きな気持ちを持とう

- 常に前向きな気持ちが姿勢を正す
- ポジティブ思考を心がけよう

言葉遣いの正しさはとは，場面にあった言葉を遣うということ。相手を気づかいながら，言葉を選ぶことで，より正しい言葉に近づいていく。

相手と場面に合わせた
ふさわしい言葉遣いを

次の文は接客の場面でよくある間違えやすい敬語です。
それぞれの言い方は○×どちらでしょうか。

問1「資料をご拝読いただきありがとうございます」

問2「こちらのパンフレットはもういただかれましたか？」

問3「恐れ入りますが，こちらの用紙にご記入してください」

問4「申し訳ございませんが，来週，休ませていただきます」

問5「先ほどの件，帰りましたら上司にご報告いたしますので」

Point

　ビジネスのシーンに敬語は欠くことができない。何度もやり取りをしていく中で，親しさの度合いによっては，あえてくだけた表現を用いることもあるが，「親しき仲にも礼儀あり」と言われるように，敬意や心づかいをおろそかにしてはいけないもの。相手に誤解されたり，相手の気分を壊すことのないように，相手や場面にふさわしい言葉遣いが大切になる。

解答と解説

問1 （×）　○正しい言い換え例
　→「ご覧いただきありがとうございます」など
　「拝読」は自分が「読む」意味の謙譲語なので，相手の行為に使うのは誤り。読むと見るは同義なため，多く，見るの尊敬語「ご覧になる」が用いられる。

問2 （×）　○正しい言い換え例
　→「お持ちですか」「お渡ししましたでしょうか」 など
　「いただく」は，食べる・飲む・もらうの謙譲語。「もらったかどうか」と聞きたいのだから，「おもらいになりましたか」と言えないこともないが，持っているかどうか，受け取ったかどうかという意味で「お持ちですか」などが使われることが多い。また，自分側が渡すような場合は，「お渡しする」を使って「お渡ししましたでしょうか」などの言い方に換えることもできる。

問3 （×）　○正しい言い換え例
　→「恐れ入りますが，こちらの用紙にご記入ください」など
　「ご記入する」の「お（ご）〜する」は謙譲語の形。相手の行為を謙譲語で表すことになるため誤り。「して」を取り除いて「ご記入ください」か，和語に言い換えて「お書きください」とする。ほかにも「お書き／ご記入・いただけますでしょうか・願います」などの表現もある。

問4 （△）
　有給休暇を取る場合や，弔事等で休むような場面で，用いられることも多い。「休ませていただく」ということで一見丁寧に響くが，「来週休むと自分で休みを決めている」という勝手な表現にも受け取られかねない言葉。ここは同じ「させていただく」を用いても，相手の都合をうかがう言い方に換えて「○○がございまして，申し訳ございませんが，休みをいただいてもよろしいでしょうか」などの言い換えが好ましい。

問5 （×）○正しい言い換え例
　→「上司に報告いたします」
　「ご報告いたします」は，ソトの人との会話で使うとするならば誤り。「ご報告いたします」の「お・ご〜いたす」は，「お・ご〜する」と「〜いたす」という2つの敬語を含む言葉。そのうちの「お・ご〜する」は，主語である自分を低めて相手＝上司を高める働きをもつ表現（謙譲語Ⅰ）。一方「〜いたす」は，主語の私を低めて，話の聞き手に対して丁重に述べる働きをもつ表現（謙譲語Ⅱ　丁重語）。「お・ご〜する」も「〜いたす」も同じ謙譲語であるため紛らわしいが，主語を低める（謙譲）という働きは同じでも，行為の相手を高める働きがあるかないかという点に違いがあるといえる。

敬語は正しく使用することで，相手の印象を大きく変えることができる。尊敬語，謙譲語の区別をはっきりつけて，誤った用法で話すことのないように気をつけよう。

言葉の使い方が
マナーを表す!

■よく使われる尊敬語の形　「言う・話す・説明する」の例

専用の尊敬語型	おっしゃる
～れる・～られる型	言われる・話される・説明される
お（ご）～になる型	お話しになる・ご説明になる
お（ご）～なさる型	お話しなさる・ご説明なさる

■よく使われる謙譲語の形　「言う・話す・説明する」の例

専用の謙譲語型	申す・申し上げる
お（ご）～する型	お話しする・ご説明する
お（ご）～いたす型	お話しいたします・ご説明いたします

Point

　同じ尊敬語・謙譲語でも，よく使われる代表的な形がある。ここではその一例をあげてみた。敬語の使い方に迷ったときなどは，まずはこの形を思い出すことで，大抵の語はこの型にはめ込むことができる。同じ言葉を用いたほうがよりわかりやすいといえるので，同義に使われる「言う・話す・説明する」を例に考えてみよう。

　ほかにも「お話しくださる」や「お話しいただく」「お元気でいらっしゃる」などの形もあるが，まずは表の中の形を見直そう。

なお，尊敬語の中の「言われる」などの「れる・られる」を付けた形は省力している。

基本	尊敬語（相手側）	謙譲語（自分側）
会う	お会いになる	お目にかかる・お会いする
言う	おっしゃる	申し上げる・申す
行く・来る	いらっしゃる おいでになる お見えになる お越しになる お出かけになる	伺う・参る お伺いする・参上する
いる	いらっしゃる・おいでになる	おる
思う	お思いになる	存じる
借りる	お借りになる	拝借する・お借りする
聞く	お聞きになる	拝聴する 拝聞する お伺いする・伺う お聞きする
知る	ご存じ（知っているという意で）	存じ上げる・存じる
する	なさる	いたす
食べる・飲む	召し上がる・お召し上がりになる お飲みになる	いただく・頂戴する
見る	ご覧になる	拝見する
読む	お読みになる	拝読する

「お伺いする」「お召し上がりになる」などは，「伺う」「召し上がる」自体が敬語なので
「二重敬語」ですが，慣習として定着しており間違いではないもの。

上記の「敬語表」は，よく使うと思われる動詞をそれぞれ尊敬語・謙譲語
で表したもの。このように大体の言葉は型にあてはめることができる。言
葉の中には「お（ご）」が付かないものもあるが，その場合でも「〜なさる」
を使って，「スピーチなさる」や「運営なさる」などと言うことができる。ま
た，表では，「言う」の尊敬語「言われる」の例は省いているが，れる・ら
れる型の「言われる」よりも「おっしゃる」「お話しになる」「お話しなさる」
などの言い方のほうが，より敬意も高く，言葉としても何となく響きが落ち
着くといった印象を受けるものとなる。

会話は相手があってのこと。いかなる場合でも，相手に対する心くばりを忘れないことが，会話をスムーズに進めるためのコツになる。

心くばりを添えるひと言で
言葉の印象が変わる!

　相手に何かを頼んだり，また相手の依頼を断ったり，相手の抗議に対して反論したりする場面では，いきなり自分の意見や用件を切り出すのではなく，場面に合わせて心くばりを伝えるひと言を添えてから本題に移ると，響きがやわらかくなり，こちらの意向も伝えやすくなる。俗にこれは「クッション言葉」と呼ばれている。(右表参照)

Point

　ビジネスの場面で，相手と話したり手紙やメールを送る際には，何か依頼事があってという場合が多いもの。その場合に「ちょっとお願いなんですが…」では，ふだんの会話と変わりがないものになってしまう。そこを「突然のお願いで恐れ入りますが」「急にご無理を申しまして」「こちらの勝手で恐縮に存じますが」「折り入ってお願いしたいことがございまして」などの一言を添えることで，直接的なきつい感じが和らぐだけでなく，「申し訳ないのだけれど，もしもそうしていただくことができればありがたい」という，相手への配慮や願いの気持ちがより強まる。このような前置きの言葉もうまく用いて，言葉に心くばりを添えよう。

相手の意向を尋ねる場合	「よろしければ」「お差し支えなければ」 「ご都合がよろしければ」「もしお時間がありましたら」 「もしお嫌いでなければ」「ご興味がおありでしたら」
相手に面倒を かけてしまうような場合	「お手数をおかけしますが」 「ご面倒をおかけしますが」 「お手を煩わせまして恐縮ですが」 「お忙しい時に申し訳ございませんが」 「お時間を割いていただき申し訳ありませんが」 「貴重なお時間を頂戴し恐縮ですが」
自分の都合を 述べるような場合	「こちらの勝手で恐縮ですが」 「こちらの都合（ばかり）で申し訳ないのですが」 「私どもの都合ばかりを申しまして，まことに申し訳な く存じますが」 「ご無理を申し上げまして恐縮ですが」
急な話をもちかけた場合	「突然のお願いで恐れ入りますが」 「急にご無理を申しまして」 「もっと早くにご相談申し上げるべきところでございま したが」 「差し迫ってのことでまことに申し訳ございませんが」
何度もお願いする場合	「たびたびお手数をおかけしまして恐縮に存じますが」 「重ね重ね恐縮に存じますが」 「何度もお手を煩わせまして申し訳ございませんが」 「ご面倒をおかけしてばかりで，まことに申し訳ござい ませんが」
難しいお願いをする場合	「ご無理を承知でお願いしたいのですが」 「たいへん申し上げにくいのですが」 「折り入ってお願いしたいことがございまして」
あまり親しくない相手に お願いする場合	「ぶしつけなお願いで恐縮ですが」 「ぶしつけながら」 「まことに厚かましいお願いでございますが」
相手の提案・誘いを断る場合	「申し訳ございませんが」 「（まことに）残念ながら」 「せっかくのご依頼ではございますが」 「たいへん恐縮ですが」 「身に余るお言葉ですが」 「まことに失礼とは存じますが」 「たいへん心苦しいのですが」 「お引き受けしたいのはやまやまですが」
問い合わせの場合	「つかぬことをうかがいますが」 「突然のお尋ねで恐縮ですが」

ここでは文章の書き方における，一般的な敬称について言及している。はがき，手紙，メール等，通信手段はさまざま。それぞれの特性をふまえて有効活用しよう。

相手の気持ちになって
見やすく美しく書こう

■敬称のいろいろ

敬称	使う場面	例
様	職名・役職のない個人	（例）飯田知子様／ご担当者様／経理部長　佐藤一夫様
殿	職名・組織名・役職のある個人（公用文など）	（例）人事部長殿／教育委員会殿／田中四郎殿
先生	職名・役職のない個人	（例）松井裕子先生
御中	企業・団体・官公庁などの組織	（例）○○株式会社御中
各位	複数あてに同一文書を出すとき	（例）お客様各位／会員各位

Point

　封筒・はがきの表書き・裏書きは縦書きが基本だが，洋封筒で親しい人にあてる場合は，横書きでも問題ない。いずれにせよ，定まった位置に，丁寧な文字でバランス良く，正確に記すことが大切。特に相手の住所や名前を乱雑な文字で書くのは，配達の際の間違いを引き起こすだけでなく，受け取る側に不快な思いをさせる。相手の気持ちになって，見やすく美しく書くよう心がけよう。

■各通信手段の長所と短所

	長所	短所	用途
封書	・封を開けなければ本人以外の目に触れることがない。 ・丁寧な印象を受ける。	・多量の資料・画像送付には不向き。 ・相手に届くまで時間がかかる。	・儀礼的な文書(礼状・わび状など) ・目上の人あての文書 ・重要な書類 ・他人に内容を読まれたくない文書
はがき・カード	・封書よりも気軽にやり取りできる。 ・年賀状や季節の便り,旅先からの連絡など絵はがきとしても楽しむことができる。	・封に入っていないため,第三者の目に触れることがある。 ・中身が見えるので,改まった礼状やわび状,こみ入った内容には不向き。 ・相手に届くまで時間がかかる。	・通知状　　　・案内状 ・送り状　　　・旅先からの便り ・各種お祝い　・お礼 ・季節の挨拶
ＦＡＸ	・手書きの図やイラストを文章といっしょに送れる。 ・すぐに届く。 ・控えが手元に残る。	・多量の資料の送付には不向き。 ・事務的な用途で使われることが多く,改まった内容の文書,初対面の人へは不向き。	・地図,イラストの入った文書 ・印刷物(本・雑誌など)
電話	・急ぎの連絡に便利。 ・相手の反応をすぐに確認できる。 ・直接声が聞けるので,安心感がある。	・連絡できる時間帯が制限される。 ・長々としたこみ入った内容は伝えづらい。	・緊急の用件 ・確実に用件を伝えたいとき
メール	・瞬時に届く。　　・控えが残る。 ・コストが安い。 ・大容量の資料や画像をデータで送ることができる。 ・一度に大勢の人に送ることができる。 ・相手の居場所や状況を気にせず送れる。	・事務的な印象を与えるので,改まった礼状やわび状には不向き。 ・パソコンや携帯電話を持っていない人には送れない。 ・ウィルスなどへの対応が必要。	・データで送りたいとき ・ビジネス上の連絡

　はがきは手軽で便利だが,おわびやお願い,格式を重んじる手紙には不向きとなる。この種の手紙は内容もこみ入ったものとなり,加えて丁寧な文章で書かなければならないので,数行で済むことはまず考えられない。また,封筒に入っていないため,他人の目に触れるという難点もある。このように,はがきにも長所と短所があるため,使う場面や相手によって,他の通信手段と使い分けることが必要となる。

　はがき以外にも,封書・電話・ＦＡＸ・メールなど,現代ではさまざまな通信手段がある。上に示したように,それぞれ長所と短所があるので,特徴を知って用途によって上手に使い分けよう。

社会人のマナーとして，電話応対のスキルは必要不可欠。まずは失礼なく電話に出ることからはじめよう。積極性が重要だ。

相手の顔が見えない分
対応には細心の注意を

■電話をかける場合

① ○○先生に電話をする

　×「私，□□社の××と言いますが，○○様はおられますでしょうか？」
　○「**××と申しますが，○○様はいらっしゃいますか？**」

　「おられますか」は「おる」を謙譲語として使うため，通常は相手がいるかどうかに関しては，「いらっしゃる」を使うのが一般的。

② 相手の状況を確かめる

　×「こんにちは，××です，先日のですね…」
　○「**××です，先日は有り難うございました，今お時間よろしいでしょうか？**」

　相手が忙しくないかどうか，状況を聞いてから話を始めるのがマナー。また，やむを得ず夜間や早朝，休日などに電話をかける際は，「夜分（朝早く）に申し訳ございません」「お休みのところ恐れ入ります」などのお詫びの言葉もひと言添えて話す。

③ 相手が不在，何時ごろ戻るかを聞く場合

　×「戻りは何時ごろですか？」
　○「**何時ごろお戻りになりますでしょうか？**」

　「戻り」はそのままの言い方，相手にはきちんと尊敬語を使う。

④ また自分からかけることを伝える

　×「そうですか，ではまたかけますので」
　○「**それではまた後ほど（改めて）お電話させていただきます**」

　戻る時間がわかる場合は，「またお戻りになりましたころにでも」「また午後にでも」などの表現もできる。

■電話を受ける場合

① 電話を取ったら

×「はい，もしもし，○○（社名）ですが」

○「**はい，○○（社名）でございます**」

② 相手の名前を聞いて

×「どうも，どうも」

○「**いつもお世話になっております**」

　あいさつ言葉として定着している決まり文句ではあるが，日頃のお付き合いがあってこそ。あいさつ言葉もきちんと述べよう。「お世話様」という言葉も時折耳にするが，敬意が軽い言い方となる。適切な言葉を使い分けよう。

③ 相手が名乗らない

×「どなたですか？」「どちらさまですか？」

○「**失礼ですが，お名前をうかがってもよろしいでしょうか？**」

　名乗るのが基本だが，尋ねる態度も失礼にならないように適切な応対を心がけよう。

④ 電話番号や住所を教えてほしいと言われた場合

×「はい，いいでしょうか？」　　×「メモのご用意は？」

○「**はい，申し上げます，よろしいでしょうか？**」

　「メモのご用意は？」は，一見親切なようにも聞こえるが，尋ねる相手も用意していることがほとんど。押し付けがましくならない程度に。

⑤ 上司への取次を頼まれた場合

×「はい，今代わります」　　×「○○部長ですね，お待ちください」

○「**部長の○○でございますね，ただいま代わりますので，少々お待ちくださいませ**」

　○○部長という表現は，相手側の言い方となる。自分側を述べる場合は，「部長の○○」「○○」が適切。

Point

　自分から電話をかける場合は，まずは自分の会社名や氏名を名乗るのがマナー。たとえ目的の相手が直接出た場合でも，電話では相手の様子が見えないことがほとんど。自分の勝手な判断で話し始めるのではなく，相手の都合を伺い，そのうえで話を始めるのが社会人として必要な気配りとなる。

デキるオトナをアピール
時候の挨拶

月	漢語調の表現 候，みぎりなどを付けて用いられます	口語調の表現
1月 (睦月)	初春・新春 頌春・ 小寒・大寒・厳寒	皆様におかれましては，よき初春をお迎えのことと存じます／厳しい寒さが続いております／珍しく暖かな寒の入りとなりました／大寒という言葉通りの厳しい寒さでございます
2月 (如月)	春寒・余寒・残寒・ 立春・梅花・向春	立春とは名ばかりの寒さ厳しい毎日でございます／梅の花もちらほらとふくらみ始め，春の訪れを感じる今日この頃です／春の訪れが待ち遠しいこのごろでございます
3月 (弥生)	早春・浅春・春寒・ 春分・春暖	寒さもようやくゆるみ，日ましに春めいてまいりました／ひと雨ごとに春めいてまいりました／日増しに暖かさが加わってまいりました
4月 (卯月)	春暖・陽春・桜花・ 桜花爛漫	桜花爛漫の季節を迎えました／春光うららかな好季節となりました／花冷えとでも申しましょうか，何だか肌寒い日が続いております
5月 (皐月)	新緑・薫風・惜春・ 晩春・立夏・若葉	風薫るさわやかな季節を迎えました／木々の緑が目にまぶしいようでございます／目に青葉，山ほととぎす，初鰹の句も思い出される季節となりました
6月 (水無月)	梅雨・向暑・初夏・ 薄暑・麦秋	初夏の風もさわやかな毎日でございます／梅雨前線が近づいてまいりました／梅雨の晴れ間にのぞく青空は，まさに夏を思わせるようです
7月 (文月)	盛夏・大暑・炎暑・ 酷暑・猛暑	梅雨が明けたとたん，うだるような暑さが続いております／長い梅雨も明け，いよいよ本格的な夏がやってまいりました／風鈴の音がわずかに涼を運んでくれているようです
8月 (葉月)	残暑・晩夏・処暑・ 秋暑	立秋とはほんとうに名ばかりの厳しい暑さの毎日です／残暑たえがたい毎日でございます／朝夕はいくらかしのぎやすくなってまいりました
9月 (長月)	初秋・新秋・爽秋・ 新涼・清涼	九月に入りましてもなお，日差しの強い毎日です／暑さもやっとおとろえはじめたようでございます／残暑も去り，ずいぶんとしのぎやすくなってまいりました
10月 (神無月)	清秋・錦秋・秋涼・ 秋冷・寒露	秋風もさわやかな過ごしやすい季節となりました／街路樹の葉も日ごとに色を増しております／紅葉の便りの聞かれるころとなりました／秋深く，日増しに冷気も加わってまいりました
11月 (霜月)	晩秋・暮秋・霜降・ 初霜・向寒	立冬を迎え，まさに冬到来を感じる寒さです／木枯らしの季節になりました／日ごとに冷気が増すようでございます／朝夕はひときわ冷え込むようになりました
12月 (師走)	寒冷・初冬・師走・ 歳晩	師走を迎え，何かと慌ただしい日々をお過ごしのことと存じます／年の瀬も押しつまり，何かとお忙しくお過ごしのことと存じます／今年も残すところわずかとなりました，お忙しい毎日とお察しいたします

シチュエーション別会話例

シチュエーション1　　取引先との会話

「非常に素晴らしいお話で感心しました」→NG！

「感心する」は相手の立派な行為や，優れた技量などに心を動かされるという意味。意味としては間違いではないが，目上の人に用いると，偉そうに聞こえかねない表現。「感動しました」などに言い換えるほうが好ましい。

シチュエーション2　　子どもとの会話

「お母さんは，明日はいますか？」→NG！

たとえ子どもとの会話でも，子どもの年齢によっては，ある程度の敬語を使うほうが好ましい。「明日はいらっしゃいますか」では，むずかしすぎると感じるならば，「お出かけですか」などと表現することもできる。

シチュエーション3　　同僚との会話

「今，お暇ですか」→NG？

同じ立場同士なので，暇に「お」が付いた形で「お暇」ぐらいでも構わないともいえるが，「暇」というのは，するべきことも何もない時間という意味。そのため「お暇ですか」では，あまりにも直接的になってしまう。その意味では「手が空いている」→「空いていらっしゃる」→「お手透き」などに言い換えることで，やわらかく敬意も含んだ表現になる。

シチュエーション4　　上司との会話

「なるほどですね」→NG！

「なるほど」とは，相手の言葉を受けて，自分も同意見であることを表すため，相手の言葉・意見を自分が評価するというニュアンスも含まれている。そのため自分が評価して述べているという偉そうな表現にもなりかねない。同じ同意ならば，頷き「おっしゃる通りです」などの言葉のほうが誤解なく伝わる。

就活スケジュールシート

■年間スケジュールシート

1月	2月	3月	4月	5月	6月
企業関連スケジュール					
自己の行動計画					

就職活動をすすめるうえで，当然重要になってくるのは，自己のスケジュール管理だ。企業の選考スケジュールを把握することも大切だが，自分のペースで進めることになる自己分析や業界・企業研究，面接試験のトレーニング等の計画を立てることも忘れてはいけない。スケジュールシートに「記入」する作業を通して，短期・長期の両方の面から就職試験を考えるきっかけにしよう。

7月	8月	9月	10月	11月	12月
企業関連スケジュール					
自己の行動計画					

第**4**章

SPI対策

ほとんどの企業では，基本的な資質や能力を見極める
ため適性検査を実施しており，現在最も使われている
のがリクルートが開発した「SPI」である。

テストの内容は，「言語能力」「非言語能力」「性格」
の3つに分かれている。その人がどんな人物で，どん
な仕事で力を発揮しやすいのか，また，どんな組織に
なじみやすいかなどを把握するために行われる。

この章では，SPIの「言語能力」及び「非言語能力」の
分野で，頻出内容を絞って，演習問題を構成している。
演習問題に複数回チャレンジし，解説をしっかりと熟
読して，学習効果を高めよう。

SPI 対策

●SPIとは

　SPIは，Synthetic Personality Inventoryの略称で，株式会社リクルートが開発・販売を行っている就職採用向けのテストである。昭和49年から提供が始まり，平成14年と平成25年の2回改訂が行われ，現在はSPI3が最新になる。

　SPIは，応募者の仕事に対する適性，職業の適性能力，興味や関心を見極めるのに適しており，現在の就職採用テストでは主流となっている。

　SPIは，「知的能力検査」と「性格検査」の2領域にわけて測定され，知的能力検査は「言語能力検査（国語）」と「非言語能力検査（数学）」に分かれている。オプション検査として，「英語（ENG）検査」を実施することもある。性格適性検査では，性格を細かく分析するために，非常に多くの質問が出される。SPIの性格適性検査では，正式な回答はなく，全ての質問に正直に答えることが重要である。

　本章では，その中から，「言語能力検査」と「非言語能力検査」に絞って収録している。

●SPIを利用する企業の目的

　①：志望者から人数を絞る

　一部上場企業にもなると，数万単位の希望者が応募してくる。基本的な資質能力や会社への適性能力を見極めるため，SPIを使って，人数の絞り込みを行う。

　②：知的能力を見極める

　SPIは，応募者1人1人の基本的な知的能力を比較することができ，それによって，受検者の相対的な知的能力を見極めることが可能になる。

　③：性格をチェックする

　その職種に対する適性があるが，300程度の簡単な質問によって発想力やパーソナリティを見ていく。性格検査なので，正解というものはなく，正直に回答していくことが重要である。

●SPIの受検形式

SPIは，企業の会社説明会や会場で実施される「ペーパーテスト形式」と，パソコンを使った「テストセンター形式」とがある。

近年，ペーパーテスト形式は減少しており，ほとんどの企業が，パソコンを使ったテストセンター形式を採用している。志望する企業がどのようなテストを採用しているか，早めに確認し，対策を立てておくこと。

●SPIの出題形式

SPIは，言語分野，非言語分野，英語（ENG），性格適性検査に出題形式が分かれている。

科目	出題範囲・内容
言語分野	二語の関係，語句の意味，語句の用法，文の並び換え，空欄補充，熟語の成り立ち，文節の並び換え，長文読解　等
非言語分野	推論，場合の数，確率，集合，損益算，速度算，表の読み取り，資料の読み取り，長文読み取り　等
英語（ENG）	同意語，反意語，空欄補充，英英辞書，誤文訂正，和文英訳，長文読解　等
性格適性検査	質問：300問程度　時間：約35分

●受検対策

本章では，出題が予想される問題を厳選して収録している。問題と解答だけではなく，詳細な解説も収録しているので，分からないところは複数回問題を解いてみよう。

言語分野

二語関係

同音異義語

●あいせき
哀惜　死を悲しみ惜しむこと
愛惜　惜しみ大切にすること

●いぎ
意義　意味・内容・価値
異議　他人と違う意見
威儀　いかめしい挙動
異義　異なった意味

●いし
意志　何かをする積極的な気持ち
意思　しようとする思い・考え

●いどう
異同　異なり・違い・差
移動　場所を移ること
異動　地位・勤務の変更

●かいこ
懐古　昔を懐かしく思うこと
回顧　過去を振り返ること
解雇　仕事を辞めさせること

●かいてい
改訂　内容を改め直すこと
改定　改めて定めること

●かんしん
関心　気にかかること
感心　心に強く感じること
歓心　嬉しいと思う心

寒心　肝を冷やすこと

●きてい
規定　規則・定め
規程　官公庁などの規則

●けんとう
見当　だいたいの推測・判断・
　　　めあて
検討　調べ究めること

●こうてい
工程　作業の順序
行程　距離・みちのり

●じき
直　　すぐに
時期　時・折り・季節
時季　季節・時節
時機　適切な機会

●しゅし
趣旨　趣意・理由・目的
主旨　中心的な意味

●たいけい
体型　人の体格
体形　人や動物の形態
体系　ある原理に基づき個々のも
　　　のを統一したもの
大系　系統立ててまとめた叢書

●たいしょう

対象　行為や活動が向けられる相手

対称　対応する位置にあること

対照　他のものと照らし合わせること

●たんせい

端正　人の行状が正しくきちんとしているさま

端整　人の容姿が整っているさま

●はんざつ

繁雑　ごたごたと込み入ること

煩雑　煩わしく込み入ること

●ほしょう

保障　保護して守ること

保証　確かだと請け合うこと

補償　損害を補い償うこと

●むち

無知　知識・学問がないこと

無恥　恥を知らないこと

●ようけん

要件　必要なこと

用件　なすべき仕事

同訓漢字

●あう

合う…好みに合う。答えが合う。

会う…客人と会う。立ち会う。

遭う…事故に遭う。盗難に遭う。

●あげる

上げる…プレゼントを上げる。効果を上げる。

挙げる…手を挙げる。全力を挙げる。

揚げる…凧を揚げる。てんぷらを揚げる。

●あつい

暑い…夏は暑い。暑い部屋。

熱い…熱いお湯。熱い視線を送る。

厚い…厚い紙。面の皮が厚い。

篤い…志の篤い人。篤い信仰。

●うつす

写す…写真を写す。文章を写す。

映す…映画をスクリーンに映す。鏡に姿を映す。

●おかす

冒す…危険を冒す。病に冒された人。

犯す…犯罪を犯す。法律を犯す。

侵す…領空を侵す。プライバシーを侵す。

●おさめる

治める…領地を治める。水を治める。

収める…利益を収める。争いを収める。

修める…学問を修める。身を修める。

納める…税金を納める。品物を納める。

●かえる

変える…世界を変える。性格を変える。

代える…役割を代える。背に腹は代えられぬ。

替える…円をドルに替える。服を
　　　替える。

●きく
聞く…うわさ話を聞く。明日の天
　　　気を聞く。
聴く…音楽を聴く。講義を聴く。

●しめる
閉める…門を閉める。ドアを閉め
　　　る。
締める…ネクタイを締める。気を
　　　引き締める。
絞める…首を絞める。絞め技をか
　　　ける。

●すすめる
進める…足を進める。話を進める。
勧める…縁談を勧める。加入を勧
　　　める。
薦める…生徒会長に薦める。

●つく
付く…傷が付いた眼鏡。気が付く。
着く…待ち合わせ場所の公園に着
　　　く。地に足が着く。

就く…仕事に就く。外野の守備に
　　　就く。

●つとめる
務める…日本代表を務める。主役
　　　を務める。
努める…問題解決に努める。療養
　　　に努める。
勤める…大学に勤める。会社に勤
　　　める。

●のぞむ
望む…自分の望んだ夢を追いかけ
　　　る。
臨む…記者会見に臨む。決勝に臨
　　　む。

●はかる
計る…時間を計る。将来を計る。
測る…飛行距離を測る。水深を測
　　　る。

●みる
見る…月を見る。ライオンを見る。
診る…患者を診る。脈を診る。

演習問題

1　カタカナで記した部分の漢字として適切なものはどれか。
　1　手続きがハンザツだ　　　　　　　【汎雑】
　2　誤りをカンカすることはできない　【観過】
　3　ゲキヤクなので取扱いに注意する　【激薬】
　4　クジュウに満ちた選択だった　　　【苦重】
　5　キセイの基準に従う　　　　　　　【既成】

2 下線部の漢字として適切なものはどれか。

家で飼っている熱帯魚を<u>かんしょう</u>する。

1 干渉
2 観賞
3 感傷
4 勧奨
5 鑑賞

3 下線部の漢字として適切なものはどれか。

彼に責任を<u>ついきゅう</u>する。

1 追窮
2 追究
3 追給
4 追求
5 追及

4 下線部の語句について，両方とも正しい表記をしているものはどれか。

1 私と母とは<u>相生</u>がいい。   ・この歌を<u>愛唱</u>している。
2 それは<u>規成</u>の事実である。   ・<u>既製品</u>を買ってくる。
3 <u>同音異義語</u>を見つける。   ・会議で<u>意議</u>を申し立てる。
4 選挙の<u>大勢</u>が決まる。   ・作曲家として<u>大成</u>する。
5 <u>無常</u>の喜びを味わう。   ・<u>無情</u>にも雨が降る。

5 下線部の漢字として適切なものはどれか。

彼の体調は<u>かいほう</u>に向かっている。

1 介抱
2 快方
3 解放
4 回報
5 開放

○○○解答・解説○○○

1 5

解説 1 「煩雑」が正しい。「汎」は「汎用(はんよう)」などと使う。2 「看過」が正しい。「観」は「観光」や「観察」などと使う。 3 「劇薬」が正しい。「少量の使用であってもはげしい作用のするもの」という意味であるが「激」を使わないことに注意する。 4 「苦渋」が正しい。苦しみ悩むという意味で、「苦悩」と同意であると考えてよい。 5 「既成概念」などと使う場合もある。同音で「既製」という言葉があるが、これは「既製服」や「既製品」という言葉で用いる。

2 2

解説 同音異義語や同訓異字の問題は、その漢字を知っているだけでは対処できない。「植物や魚などの美しいものを見て楽しむ」場合は「観賞」を用いる。なお、「芸術作品」に関する場合は「鑑賞」を用いる。

3 5

解説 「ついきゅう」は、特に「追究」「追求」「追及」が頻出である。「追究」は「あることについて徹底的に明らかにしようとすること」、「追求」は「あるものを手に入れようとすること」、「追及」は「後から厳しく調べること」という意味である。ここでは、「責任」という言葉の後にあるので、「厳しく」という意味が含まれている「追及」が適切である。

4 4

解説 1の「相生」は「相性」、2の「規成」は「既成」、3の「意議」は「異議」、5の「無常」は「無上」が正しい。

5 2

解説 「快方」は「よい方向に向かっている」という意味である。なお、1は病気の人の世話をすること、3は束縛を解いて自由にすること、4は複数人で回し読む文書、5は出入り自由として開け放つ、の意味。

四字熟語

☐曖昧模糊　あいまいもこ―はっきりしないこと。

☐阿鼻叫喚　あびきょうかん―苦しみに耐えられないで泣き叫ぶこと。はなはだしい惨状を形容する語。

☐暗中模索　あんちゅうもさく―暗闇で手さぐりでものを探すこと。様子がつかめずどうすればよいかわからないままやってみること。

☐以心伝心　いしんでんしん―無言のうちに心から心に意思が通じ合うこと。

☐一言居士　いちげんこじ―何事についても自分の意見を言わなければ気のすまない人。

☐一期一会　いちごいちえ――生のうち一度だけの機会。

☐一日千秋　いちじつせんしゅう――日会わなければ千年も会わないように感じられることから、一日が非常に長く感じられること。

☐一念発起　いちねんほっき―決心して信仰の道に入ること。転じてある事を成就させるために決心すること。

☐一網打尽　いちもうだじん――網打つだけで多くの魚を捕らえることから、一度に全部捕らえること。

☐一獲千金　いっかくせんきん――時にたやすく莫大な利益を得ること。

☐一挙両得　いっきょりょうとく――つの行動で二つの利益を得ること。

☐意馬心猿　いばしんえん―馬が走り、猿が騒ぐのを抑制できないことにたとえ、煩悩や欲望の抑えられないさま。

☐意味深長　いみしんちょう―意味が深く含蓄のあること。

☐因果応報　いんがおうほう―よい行いにはよい報いが、悪い行いには悪い報いがあり、因と果とは相応じるものであるということ。

☐慇懃無礼　いんぎんぶれい―うわべはあくまでも丁寧だが、実は尊大であること。

☐有為転変　ういてんぺん―世の中の物事の移りやすくはかない様子のこと。

☐右往左往　うおうさおう―多くの人が秩序もなく動き、あっちへ行ったりこっちへ来たり、混乱すること。

□右顧左眄　うこさべん─右を見たり，左を見たり，周囲の様子ばかりう
　　　　　かがっていて決断しないこと。

□有象無象　うぞうむぞう─世の中の無形有形の一切のもの。たくさん集
　　　　　まったつまらない人々。

□海千山千　うみせんやません─経験を積み，その世界の裏まで知り抜い
　　　　　ている老獪な人。

□紆余曲折　うよきょくせつ─まがりくねっていること。事情が込み入っ
　　　　　て，状況がいろいろ変化すること。

□雲散霧消　うんさんむしょう─雲や霧が消えるように，あとかたもなく
　　　　　消えること。

□栄枯盛衰　えいこせいすい─草木が繁り，枯れていくように，盛んになっ
　　　　　たり衰えたりすること。世の中の浮き沈みのこと。

□栄耀栄華　えいようえいが─権力や富貴をきわめ，おごりたかぶること。

□会者定離　えしゃじょうり─会う者は必ず離れる運命をもつということ。
　　　　　人生の無常を説いたことば。

□岡目八目　おかめはちもく─局外に立ち，第三者の立場で物事を観察す
　　　　　ると，その是非や損失がよくわかるということ。

□温故知新　おんこちしん─古い事柄を究め新しい知識や見解を得るこ
　　　　　と。

□臥薪嘗胆　がしんしょうたん─たきぎの中に寝，きもをなめる意で，目
　　　　　的を達成するのために苦心，苦労を重ねること。

□花鳥風月　かちょうふうげつ─自然界の美しい風景，風雅のこころ。

□我田引水　がでんいんすい─自分の利益となるように発言したり行動し
　　　　　たりすること。

□画竜点睛　がりょうてんせい─竜を描いて最後にひとみを描き加えたと
　　　　　ころ，天に上ったという故事から，物事を完成させるために
　　　　　最後に付け加える大切な仕上げ。

□夏炉冬扇　かろとうせん─夏の火鉢，冬の扇のようにその場に必要のな
　　　　　い事物。

□危急存亡　ききゅうそんぼう─危機が迫ってこのまま生き残れるか滅び
　　　　　るかの瀬戸際。

□疑心暗鬼　ぎしんあんき─心の疑いが妄想を引き起こして実際にはいな
　　　　　い鬼の姿が見えるようになることから，疑心が起こると何で

もないことまで恐ろしくなること。

□玉石混交　ぎょくせきこんこう―すぐれたものとそうでないものが入り
　　　　　　混じっていること。

□荒唐無稽　こうとうむけい―言葉や考えによりどころがなく，とりとめ
　　　　　　もないこと。

□五里霧中　ごりむちゅう―迷って考えの定まらないこと。

□針小棒大　しんしょうぼうだい―物事を大袈裟にいうこと。

□大同小異　だいどうしょうい―細部は異なっているが総体的には同じで
　　　　　　あること。

□馬耳東風　ばじとうふう―人の意見や批評を全く気にかけず聞き流すこ
　　　　　　と。

□波瀾万丈　はらんばんじょう―さまざまな事件が次々と起き，変化に富
　　　　　　むこと。

□付和雷同　ふわらいどう――定の見識がなくただ人の説にわけもなく賛
　　　　　　同すること。

□粉骨砕身　ふんこつさいしん―力の限り努力すること。

□羊頭狗肉　ようとうくにく―外見は立派だが内容がともなわないこと。

□竜頭蛇尾　りゅうとうだび―初めは勢いがさかんだが最後はふるわない
　　　　　　こと。

□臨機応変　りんきおうへん―時と場所に応じて適当な処置をとること。

演習問題

1. 「海千山千」の意味として適切なものはどれか。
　1　様々な経験を積み，世間の表裏を知り尽くしてずる賢いこと
　2　今までに例がなく，これからもあり得ないような非常に珍しいこと
　3　人をだまし丸め込む手段や技巧のこと
　4　一人で千人の敵を相手にできるほど強いこと
　5　広くて果てしないこと

2 四字熟語として適切なものはどれか。
1 竜頭堕尾
2 沈思黙考
3 孟母断危
4 理路正然
5 猪突猛伸

3 四字熟語の漢字の使い方がすべて正しいものはどれか。
1 純真無垢　青天白日　疑心暗鬼
2 短刀直入　自我自賛　危機一髪
3 厚顔無知　思考錯誤　言語同断
4 異句同音　一鳥一石　好機当来
5 意味深長　興味深々　五里霧中

4 「一蓮托生」の意味として適切なものはどれか。
1 一味の者を一度で全部つかまえること。
2 物事が順調に進行すること。
3 ほかの事に注意をそらさず，一つの事に心を集中させているさま。
4 善くても悪くても行動・運命をともにすること。
5 妥当なものはない。

5 故事成語の意味で適切なものはどれか。
「塞翁(さいおう)が馬」
1 たいして差がない
2 幸不幸は予測できない
3 肝心なものが欠けている
4 実行してみれば意外と簡単
5 努力がすべてむだに終わる

○○○解答・解説○○○

1 1

解説　2は「空前絶後」, 3は「手練手管」, 4は「一騎当千」, 5は「広大無辺」である。

2 2

解説　2の沈思黙考は,「思いにしずむこと。深く考えこむこと。」の意味である。なお, 1は竜頭蛇尾(始めは勢いが盛んでも, 終わりにはふるわないこと), 3は孟母断機(孟子の母が織りかけの織布を断って, 学問を中途でやめれば, この断機と同じであると戒めた譬え), 4は理路整然(話や議論の筋道が整っていること), 5は猪突猛進(いのししのように向こう見ずに一直線に進むこと)が正しい。

3 1

解説　2は「単刀直入」「自画自賛」, 3は「厚顔無恥」「試行錯誤」「言語道断」, 4は「異口同音」「一朝一夕」「好機到来」, 5は「興味津々」が正しい。四字熟語の意味を理解する際, どのような字で書かれているかを意識するとよい。

4 4

解説　「一蓮托生」は, よい行いをした者は天国に行き, 同じ蓮の花の上に生まれ変わるという仏教の教えから,「(ことの善悪にかかわらず)仲間として行動や運命をともにすること」をいう。

5 2

解説　「塞翁が馬」は「人間万事塞翁が馬」と表す場合もある。1は「五十歩百歩」, 3は「画竜点睛に欠く」, 4は「案ずるより産むが易し」, 5は「水泡に帰する」の故事成語の意味である。

長文読解

演習問題

1 次の文章の内容と一致するものはどれか。

　そもそも神学というものは一般に何かある特定の宗教の信仰内容を論理的な教義に組織したものであります。どういう宗教でも伝道ということを意図する以上は，人を説得するために必ずそういう神学をもたざるをえない。世界的宗教というような，そういう一般人類に通ずる宗教ということを標榜する宗教においては，必ずその宗教を他に伝える伝道ということがその任務に属している。ところで伝道とは，言葉で人に語って，人を説得することをいうわけだから，そこにおのずから論理的に思考し論証するということがなければならなくなる。論理的ということは，そういう場合には論証的，推論的ということになる。ただわれわれが物を考えるというだけならば必ずしも論理的とはいわれない。（略）論理的ということは推論的ということである。ヘーゲルが論理的というのはそういう推論的という意味です。

 1 ヘーゲルのいう推論は，論理性を離れたものを前提としている。
 2 世界宗教の開祖は，自らの教義の確立の時点において，神学の構築を意識していた。
 3 私たちの思考は，必然的に論理的なものになりうる。
 4 論理的であることと，推論的であることは，互いに深い繋がりがある。
 5 宗教的な信仰は，純粋な感情を出発点にするので，論理による説得にはなじまない。

2 次の文の空欄に入る語句として，最も適切なものはどれか。

　自分がその真只中を生きている老いがある一方には，まだ若い年齢で遠くから眺めている老いというものもあります。老化の進行する具体的体験を持たぬ分だけ，それはいわば観念としての老いであり，観察対象としての老いであるかもしれない。しかし見方によっては，そこに老人自身が描くのとは異なった老いの客観像が浮かび出ているとも言えるでしょう。

　文学作品の場合，もし若くして老年や老人を描くとしたら，その中に特別の意味が隠されているように思われます。自らが渦中にある老いを捉えた優れた小説に切実なリアリティーが宿るのは確かですが，（　　　）には，

また別の，いわば思念としての切実さやリアリティーが孕まれているので
はないでしょうか。人の生涯を遠望した上で，その終りに近い老年に託さ
れたものの姿が垣間見えると考えられるからです。

1　当事者の立場から感じられる老い
2　傍観者として眺められた老い
3　距離を置いて眺められた老い
4　実体験に基づいた老い
5　想像力のみによってとらえられた老い

3　次の文章の要旨として正しいものはどれか。

　私たちは，日常の生活の中で話したり聞いたり，書いたり読んだりして
いる。すなわち，言語行動は日常生活の中におり込まれている。ちょっと
考えてみても，朝起きると新聞を「読む」，出かける前に天気予報を「聞く」，
店先で買い物をしたり，役所の窓口で手つづきをしたりするときは「言う」
あるいは「話す」，遠くの人に用事があれば手紙を「書く」。——こうした
言語行動は，そのことだけ切りはなされていとなまれるのではなく，いろ
いろな目的を持ち，さまざまの結果につながっている。新聞を読むことに
よって知識を得たり教養をつんだり，そこから自分の生活の方針を考えた
りすることができる。天気予報を聞くのは，傘を用意するかしないか，遠
方へ出かけるかどうか，これからの行動を決行することに関係する。店先
で買物をするとき店員と話したり，銀行の窓口でものを言ったりすること
は，何よりも切実な〈経済生活〉を遂行するためには不可欠のことである。

　こんな例からもわかるように，言語行動は日常生活の中に位置して，そ
の重要な部分をなしている。家庭であろうと，店先であろうと，学校であ
ろうと，オフィスであろうと，はたまた，駅であろうと，路上であろうと，
人と人との寄り合うところには，必ず言語行動が行われる。

1　言語には「話す」「聞く」「書く」「読む」の4つの側面がある。
2　話し言葉，書き言葉にはそれぞれの役割がある。
3　言語を駆使できないと，社会生活に支障をきたす。
4　人間が社会生活を営めるのは言語を持っているからだ。
5　社会生活にとって，言語は不可欠である。

4 次の文章中で筆者が友人たちに対して感じた「よそよそしさ」の原因と考えられるものはどれか。

一九五八年，おそらく戦後はじめての大がかりな規模の日本古美術欧州巡回展が開催されたことがある。当時パリに留学中であった私は，思いがけなく，日本でもそう容易に見ることのできない数多くの故国の秘宝と直接異国で接する機会を得たわけだが，その時，フランス人の友人たちと何回か会場を廻りながら，私は大変興味深い体験を味わった。

それは，同じ作品を前にしながら，フランスの友人たちの反応の仕方と私自身のそれとのあいだに微妙な喰い違いのあるのに気づかされたことである。といってそれは，彼らが必ずしも日本美術に無理解だというのではない。私の通っていたパリの美術研究所の優秀な仲間で，東洋美術についてかなり深い知識を持っている人でも事情は同じなのである。一般的に言って，彼らの作品評価はおおむね正当である。おおむね正当でありながら，ほんのわずかのところでわれわれ日本人と喰い違っている。そのほんのわずかの喰い違いというのが私には意味深いことのように思われたのである。

そのことはおそらく，その古美術展の会場で，私がフランス人の友人たちに対し，例えば，ルーヴル美術館をいっしょに見る時などには決して感じたことのないような一種のよそよそしさを感じたことと無縁ではないに違いない。平素は何の気がねもなくつきあっている気心の知れた友人たちが雪舟や等伯の作品を前にしていると，ほとんどそれと気づかないくらいわずかながら，私から距離が遠くなったように感じられたのである。それはあるいは，私ひとりの思い過ごしであったのかもしれない。われわれのあいだで会話は平素と少しも変った調子を響かせなかったし，友人たちの方でも何ら変った態度を見せたわけではない。いやおそらくそういう私自身にしても，外から見たかぎりではまったくふだんと同じであったろう。しかもそれでいて私が彼らに対して漠然とながら一種のよそよそしさを覚えたとしたら，それはいったい何を物語っていたのだろう。

1 日本古美術に対する友人たちの無関心
2 雪舟や等伯に対する友人たちの無関心
3 雪舟や等伯に対する友人たちの違和感
4 日本画に対する友人たちの不見識
5 友人たちの自国（フランス）の文化に対する優越感

5 次の文章の下線部はどのようなことを指しているか。

　珠算での計算において，ソロバンの珠の動かし方そのものは単純である。数時間もあれば，そのやり方を学ぶことができる。そこで，その後の珠算塾での「学習」は，もっぱら計算（珠の操作）が速くなることに向けられる。一定時間内に，桁数の大きい数の計算がどのくらいたくさん誤りなくできるかによって珠算の「実力」が評価され，「級」や「段」が与えられる。子どもたちは，より上の級に上がるため，珠算での計算の速度を速めるよう練習をくり返すのである。

　そこでは多くの場合，なぜこのやり方はうまくいくのか，このステップはどんな意味をもっているのか，などを考えてみようとはしないであろう。教えられたやり方を使って計算しさえすれば，正しい答えがちゃんと出てくるし，何度もくり返し練習すれば確実に速くなる。そして望み通り，級も上へと進むことができるのである。したがって，珠算での熟達者は，計算は非常に速いが，珠算の手続きの本質的意味については理解していない，ということが起こりやすい。

　1　教えられたやり方を疑ってみること
　2　なぜ珠算が熟達したのかと考えてみること
　3　なぜ珠算を練習する必要があるのかということ
　4　珠算の各ステップはどんな意味を持っているのかということ
　5　珠算の習熟には計算能力の向上以外の意義があるということ

6 次の文の要旨として，正しいものはどれか。

　法律では，十八歳になると誰でも自分の生き方を選ぶ権利がある，ということになっている。つまり法律上誰でも「自由」を保証される。でもここには原則がある。

　近代社会では，人が「自由」を保証されるのは，人間が生まれつき自由だから，というのではぜんぜんありません。十八歳くらいになれば，他人の自由を尊重することができ，万一誰かの自由を損なったらきちんとそれを償う能力があるはずだ，ということです。他人の自由を尊重し，守れる能力がある，そのことで，はじめて人は「自由」と「人権」を保証される。そういう原則になっている。それが「自由の相互承認」ということです。

　こう言うと，「だったら身障者の人たちはどうなるんだ」という人もいるでしょう。たしかにそうで，知力や身体性に難があるために，他人の自由を損なったとき，それを補償する能力をもたない人もいるが，そういう人には人権はないのか，と。

これは責任と義務を共有できる人間どうしで，そういう人の自由と権利も確保しようという合意を取り決めているのです。誰でも自分の家族にそういうハンデある人を身内としてもつ可能性があるわけですから。

1　18歳未満の子供には，自由と人権は与えてはならない。
2　どんな人にでも，自由と人権は無条件で保証されるべきだ。
3　近代社会では18歳になれば，だれにでも自由は与えられる。
4　自由と人権を獲得するには，責任能力を持つ必要がある。
5　障害者の人たちには，自由と人権は与えられていない。

7　次の文章の内容として一致しているものはどれか。

　多くの場合，「批判」という言葉を聞いて連想することは，「相手を攻撃する」などといったイメージである。しかしながら，批判とは，本来，検討を充分に加えた上で批評するものであり，また，「批判」と訳されるドイツ語のクリティークは，「よいものを選び取る」というニュアンスが強い。いずれにしても，相手を感情的に攻撃することとは，似て非なるものであるといえよう。

　かつて，シュンペーターという経済学者は，同時代に活躍した経済学者であるケインズについて，真っ向から異なる見解を述べながら批評を続けた。一方，ケインズが亡くなった後に書いた追悼論文では，異なる見解を述べることを控えつつ，亡き学者の実績と学説を細部にいたるまでまとめ上げた。私達は，ここに本来あるべき批判の姿勢をみることができる。

　自らと異なる見解を持つ者に感情をぶつけることは本当の意味での批判でなく，ましてや学問のあるべき姿勢にはなじまない。異なる見解だからこそ，詳細に検討し，誤りと考える部分をその根拠を挙げながら論理的に指摘し，筋道立てて自説を展開しければならない。

1　批判の出発点は，相手を攻撃することである。
2　ドイツ語のクリティークという概念こそ，批判の対象となるべきものである。
3　ケインズとシュンペーターは，互いの経済学説について激しい論争を繰り広げた。
4　ケインズについて述べたシュンペーターによる追悼論文には，詳細な研究の跡が反映されていた。
5　学者にとって批判精神は命そのものであり，批判の型も個性的なものでなければならない。

1 4

解説 藤田正勝編『哲学の根本問題 数理の歴史主義展開』P69より。
1 最後の一文と一致しない。　2 宗教の開祖についての言及はない。
3 「ただわれわれが物を考えるというだけならば必ずしも論理的とはいわれない。」の部分と一致しない。　4 正しい。「論理的ということは，そういう場合には論証的，推論的ということになる。」という部分の主旨と一致する。　5 伝道の際に，人々を説得するために，信仰内容を論理的な教義に組織した神学が不可欠であるとしている。

2 3

解説 黒井千次『老いるということ』。　1 適切でない。空欄直前の「自らが渦中にある老いを捉えた優れた小説に切実なリアリティーが宿るのは確かですが」と矛盾する。空欄には，高齢者の立場から老いを論じる態度を表す語句は入らない。　2 適切でない。「傍観者」という言葉では，老いに対する関心が希薄な意味合いに受け取られる。　3 適切。まだ高齢者ではない人の視点から老いの本質を客観的に分析する態度を指している。　4 適切でない。設問が要求しているのは，自分自身が老いをまだ経験していないという前提に基づいている語句である。　5 適切でない。空欄後の「切実さやリアリティー」と矛盾する。想像力だけでは老いの本質をとらえるには不十分。

3 5

解説 金田一春彦『話し言葉の技術』。　1 言語の持つ4つの側面について，筆者は例を挙げて説明しているが，設問文の要旨としては不十分。
2 設問文は，話し言葉と書き言葉の役割について述べた文ではない。言語の性質について論じている。　3 日本に住む外国人が，必ずしも日本語を駆使できなくても暮らしていけるように，言語を駆使できるレベルでなくても社会生活を営むことはできる。また言語を駆使できないと生活に支障をきたすとは，どういうことかについての具体的な記述がない。
4 人間以外の動物も仲間とコミュニケーションをとり，社会生活を営んでいる。　5 正しい。私たちが社会生活を営む際に，言語を用いないですませるということはまったく考えられない。

4 3

解説 高階秀爾『日本近代美術史論』。雪舟，（長谷川）等伯は，ともに日本を代表する水墨画家である。雪舟は室町時代，等伯は安土桃山時代に活躍した。雪舟の代表作は「四季山水図」，等伯の代表作は「松林図屏風」である。　1　友人たちが日本古美術に対してまったく関心がないのなら，筆者に同行することはあり得ない。　2　友人たちは，雪舟や等伯の作品に対して大いに関心を持っていた。　3　正しい。友人たちのよそよそしさは，雪舟と等伯の作品に対する言葉では言い表せない違和感が原因と考えられる。　4　日本画に対する不見識とはあまりにも的外れである。　5　友人たちが，自国の文化に対する優越感のせいで，雪舟や等伯を理解できなかったとはまったく考えられない。

5 4

解説 稲垣佳世子・波多野誼余夫『人はいかに学ぶか』。この文章の要旨は，「珠算塾では計算（珠の操作）が速くなることを練習する。子どもたちの目的も，速く誤りなく計算し，上の級に上がることである。そこでは多くの場合，なぜこのやり方はうまくいくのか，このステップはどんな意味をもっているのかなどを考えてみようとはしないであろう。」ということ。「珠算の手続き」とは珠の動かし方であり，桁のくり上がりやくり下がりなど，「この問題のときはこの動かし方」という練習して覚えた各ステップのこと。「珠算の手続きの本質的意味」とは，「なぜ珠をそのように動かすのか」，「この手続きは数学的にどのような意味をもつのか」ということである。よって，正答は4。

6 4

解説 竹田青嗣『中学生からの哲学「超」入門』より。　1　18歳になれば法律上自由に生き方を選択する権利があるが，18歳未満の子供に自由や人権がまったくないということではない。　2　本文は近代社会において人が自由と人権を得るための条件について論じている。無条件ということではない。　3　18歳になれば法律上誰でも自由を保証されるのであって，無条件で自由になれるわけではない。　4　正しい。自分の行動に責任が持てるようになって初めて自由と人権が与えられる。その目安を法律は18歳と定めている。　5　障害者にも自由と人権が保証される。現代社会では，障害者に責任能力がないという理由で，自由や人権が与えられな

いということは現実的ではない。

7 4

解説 1 批判とは，本来は，検討を十分に加えるものであるとの記述がある。 2 ドイツ語のクリティークについては，むしろ肯定的に捉えられている。 3 ケインズがシュンペーターを批判したとの記述はない。 4 正しい。第2段落の内容と一致している。 5 批判精神そのものを重視する記述や，批判の型が個性的であるべきという記述はない。

非言語分野

計算式・不等式

演習問題

1 分数 $\dfrac{30}{7}$ を小数で表したとき，小数第100位の数字として正しいものはどれか。

　1　1　　2　2　　3　4　　4　5　　5　7

2 $x=\sqrt{2}-1$のとき，$x+\dfrac{1}{x}$ の値として正しいものはどれか。
　1　$2\sqrt{2}$　　2　$2\sqrt{2}-2$　　3　$2\sqrt{2}-1$　　4　$3\sqrt{2}-3$
　5　$3\sqrt{2}-2$

3 360の約数の総和として正しいものはどれか。

　1　1060　　2　1170　　3　1250　　4　1280　　5　1360

4 $\dfrac{x}{2}=\dfrac{y}{3}=\dfrac{z}{5}$ のとき，$\dfrac{x-y+z}{3x+y-z}$ の値として正しいものはどれか。

　　1　-2　　2　-1　　3　$\dfrac{1}{2}$　　4　1　　5　$\dfrac{3}{2}$

5 $\dfrac{\sqrt{2}}{\sqrt{2}-1}$ の整数部分をa，小数部分をbとするとき，$a\times b$の値として正しいものは次のうちどれか。
　1　$\sqrt{2}$　　2　$2\sqrt{2}-2$　　3　$2\sqrt{2}-1$　　4　$3\sqrt{2}-3$
　5　$3\sqrt{2}-2$

6 $x=\sqrt{5}+\sqrt{2}$，$y=\sqrt{5}-\sqrt{2}$ のとき，x^2+xy+y^2 の値として正しいものはどれか。
　1　15　　2　16　　3　17　　4　18　　5　19

7 $\dfrac{\sqrt{2}}{\sqrt{2}-1}$ の整数部分を a, 小数部分を b とするとき, b^2 の値として正しいものはどれか。

　1　$2-\sqrt{2}$　　2　$1+\sqrt{2}$　　3　$2+\sqrt{2}$　　4　$3+\sqrt{2}$
　5　$3-2\sqrt{2}$

8 ある中学校の生徒全員のうち, 男子の7.5%, 女子の6.4%を合わせて37人がバドミントン部員であり, 男子の2.5%, 女子の7.2%を合わせて25人が吹奏楽部員である。この中学校の女子全員の人数は何人か。

　1　246人　　2　248人　　3　250人　　4　252人　　5　254人

9 連続した3つの正の偶数がある。その小さい方2数の2乗の和は, 一番大きい数の2乗に等しいという。この3つの数のうち, 最も大きい数として正しいものはどれか。

　1　6　　2　8　　3　10　　4　12　　5　14

○○○解答・解説○○○

1 5

解説　実際に30を7で割ってみると,
$\dfrac{30}{7}=4.28571428571\cdots\cdots$ となり, 小数点以下は, 6つの数字 "285714" が繰り返されることがわかる。$100\div6=16$ 余り4だから, 小数第100位は, "285714" のうちの4つ目の "7" である。

2 1

解説　$x=\sqrt{2}-1$ を $x+\dfrac{1}{x}$ に代入すると,

$$x+\dfrac{1}{x}=\sqrt{2}-1+\dfrac{1}{\sqrt{2}-1}=\sqrt{2}-1+\dfrac{\sqrt{2}+1}{(\sqrt{2}-1)(\sqrt{2}+1)}$$

$$=\sqrt{2}-1+\dfrac{\sqrt{2}+1}{2-1}$$

$$=\sqrt{2}-1+\sqrt{2}+1=2\sqrt{2}$$

3 2

解説 360を素因数分解すると，$360 = 2^3 \times 3^2 \times 5$ であるから，約数の総和は $(1 + 2 + 2^2 + 2^3)(1 + 3 + 3^2)(1 + 5) = (1 + 2 + 4 + 8)(1 + 3 + 9)(1 + 5) = 15 \times 13 \times 6 = 1170$ である。

4 4

解説 $\dfrac{x}{2} = \dfrac{y}{3} = \dfrac{z}{5} = A$ とおく。

$x = 2A$，$y = 3A$，$z = 5A$ となるから，

$x - y + z = 2A - 3A + 5A = 4A$，$3x + y - z = 6A + 3A - 5A = 4A$

したがって，$\dfrac{x - y + z}{3x + y - z} = \dfrac{4A}{4A} = 1$ である。

5 4

解説 分母を有理化する。

$\dfrac{\sqrt{2}}{\sqrt{2}-1} = \dfrac{\sqrt{2}(\sqrt{2}+1)}{(\sqrt{2}-1)(\sqrt{2}+1)} = \dfrac{2+\sqrt{2}}{2-1} = 2+\sqrt{2} = 2+1.414\cdots = 3.414\cdots$

であるから，$a = 3$ であり，$b = (2+\sqrt{2})-3 = \sqrt{2}-1$ となる。

したがって，$a \times b = 3(\sqrt{2}-1) = 3\sqrt{2}-3$

6 3

解説 $(x+y)^2 = x^2 + 2xy + y^2$ であるから，

$x^2 + xy + y^2 = (x+y)^2 - xy$ と表せる。

ここで，$x + y = (\sqrt{5}+\sqrt{2}) + (\sqrt{5}-\sqrt{2}) = 2\sqrt{5}$，

$\qquad\quad xy = (\sqrt{5}+\sqrt{2})(\sqrt{5}-\sqrt{2}) = 5-2 = 3$

であるから，求める $(x+y)^2 - xy = (2\sqrt{5})^2 - 3 = 20 - 3 = 17$

7 5

解説 分母を有理化すると，

$\dfrac{\sqrt{2}}{\sqrt{2}-1} = \dfrac{\sqrt{2}(\sqrt{2}+1)}{(\sqrt{2}-1)(\sqrt{2}+1)} = \dfrac{2+\sqrt{2}}{2-1} = 2+\sqrt{2}$

$\sqrt{2} = 1.4142\cdots\cdots$ であるから，$2+\sqrt{2} = 2+1.4142\cdots\cdots = 3.14142\cdots\cdots$

したがって，$a = 3$，$b = 2+\sqrt{2}-3 = \sqrt{2}-1$ といえる。

したがって，$b^2 = (\sqrt{2}-1)^2 = 2-2\sqrt{2}+1 = 3-2\sqrt{2}$ である。

解説 男子全員の人数をx，女子全員の人数をyとする。

$0.075x + 0.064y = 37 \cdots ①$

$0.025x + 0.072y = 25 \cdots ②$

①－②×3より

$$\begin{aligned} & \left\{ \begin{array}{l} 0.075x + 0.064y = 37 \cdots ① \\ 0.075x + 0.216y = 75 \cdots ②' \end{array} \right. \\ -) & \overline{ -0.152y = -38} \end{aligned}$$

$\therefore \quad 152y = 38000 \qquad \therefore \quad y = 250 \quad x = 280$

よって，女子全員の人数は250人。

9 3

解説 3つのうちの一番小さいものを$x(x>0)$とすると，連続した3つの正の偶数は，x，$x+2$，$x+4$ であるから，与えられた条件より，次の式が成り立つ。$x^2+(x+2)^2=(x+4)^2$ かっこを取って，$x^2+x^2+4x+4=x^2+8x+16$ 整理して，$x^2-4x-12=0$ よって，$(x+2)(x-6)=0$ よって，$x=-2, 6$ $x>0$だから，$x=6$ である。したがって，3つの偶数は，6，8，10である。このうち最も大きいものは，10である。

速さ・距離・時間

$\boxed{1}$ 家から駅までの道のりは30kmである。この道のりを，初めは時速5km，途中から，時速4kmで歩いたら，所要時間は7時間であった。時速5kmで歩いた道のりとして正しいものはどれか。

　　1　8km　　2　10km　　3　12km　　4　14km　　5　15km

$\boxed{2}$ 横の長さが縦の長さの2倍である長方形の厚紙がある。この厚紙の四すみから，一辺の長さが4cmの正方形を切り取って，折り曲げ，ふたのない直方体の容器を作る。その容積が64cm³のとき，もとの厚紙の縦の長さとして正しいものはどれか。

　　1　$6-2\sqrt{3}$　　2　$6-\sqrt{3}$　　3　$6+\sqrt{3}$　　4　$6+2\sqrt{3}$
　　5　$6+3\sqrt{3}$

$\boxed{3}$ 縦50m，横60mの長方形の土地がある。この土地に，図のような直角に交わる同じ幅の通路を作る。通路の面積を土地全体の面積の$\frac{1}{3}$以下にするには，通路の幅を何m以下にすればよいか。

　　1　8m　　2　8.5m　　3　9m　　4　10m
　　5　10.5m

$\boxed{4}$ 下の図のような，曲線部分が半円で，1周の長さが240mのトラックを作る。中央の長方形ABCDの部分の面積を最大にするには，直線部分ADの長さを何mにすればよいか。次から選べ。

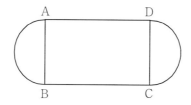

　　1　56m　　2　58m　　3　60m　　4　62m　　5　64m

⑤ AとBの2つのタンクがあり，Aには8m³，Bには5m³の水が入っている。Aには毎分1.2m³，Bには毎分0.5m³ずつの割合で同時に水を入れ始めると，Aの水の量がBの水の量の2倍以上になるのは何分後からか。正しいものはどれか。

  1　8分後　　2　9分後　　3　10分後　　4　11分後　　5　12分後

○○○解答・解説○○○

① 2

解説　時速5kmで歩いた道のりを$x$kmとすると，時速4kmで歩いた道のりは，$(30-x)$kmであり，時間＝距離÷速さ であるから，次の式が成り立つ。

$$\frac{x}{5}+\frac{30-x}{4}=7$$

両辺に20をかけて，$4x+5(30-x)=7\times 20$

整理して，$4x+150-5x=140$

  よって，$x=10$ である。

② 4

解説　厚紙の縦の長さを$x$cmとすると，横の長さは$2x$cmである。また，このとき，容器の底面は，縦$(x-8)$cm，横$(2x-8)$cmの長方形で，容器の高さは4cmである。

厚紙の縦，横，及び，容器の縦，横の長さは正の数であるから，

  $x>0$，$x-8>0$，$2x-8>0$

すなわち，$x>8$……①

容器の容積が64cm³であるから，

$4(x-8)(2x-8)=64$ となり，

  $(x-8)(2x-8)=16$

これより，$(x-8)(x-4)=8$

$x^2-12x+32=8$ となり，$x^2-12x+24=0$

よって，$x=6\pm\sqrt{6^2-24}=6\pm\sqrt{12}=6\pm 2\sqrt{3}$

このうち①を満たすものは，$x=6+2\sqrt{3}$

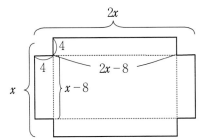

3 4

解説 通路の幅をxmとすると，$0<x<50$……①
また，$50x+60x-x^2\leqq1000$
よって，$(x-10)(x-100)\geqq0$
したがって，$x\leqq10$，$100\leqq x$……②
①②より，$0<x\leqq10$　つまり，10m以下。

4 3

解説 直線部分ADの長さをxmとおくと，$0<2x<240$より，
xのとる値の範囲は，$0<x<120$である。

半円の半径をrmとおくと，
$2\pi r=240-2x$より，
$r=\dfrac{120}{\pi}-\dfrac{x}{\pi}=\dfrac{1}{\pi}(120-x)$
長方形ABCDの面積をym²とすると，
$y=2r\cdot x=2\cdot\dfrac{1}{\pi}(120-x)x$
$=-\dfrac{2}{\pi}(x^2-120x)$
$=-\dfrac{2}{\pi}(x-60)^2+\dfrac{7200}{\pi}$

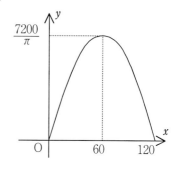

この関数のグラフは，図のようになる。yは$x=60$のとき最大となる。

5 3

解説 x分後から2倍以上になるとすると，題意より次の不等式が成り
立つ。
　　　$8+1.2x\geqq2(5+0.5x)$
かっこをはずして，$8+1.2x\geqq10+x$
整理して，$0.2x\geqq2$　よって，$x\geqq10$
つまり10分後から2倍以上になる。

会社別就活ハンドブックシリーズ

川崎重工業の
就活ハンドブック

編　者	就職活動研究会
発　行	令和6年2月25日
発行者	小貫輝雄
発行所	協同出版株式会社

〒101-0054
東京都千代田区神田錦町2-5
電話　03-3295-1341
振替　東京00190-4-94061

印刷所　協同出版・POD工場

落丁・乱丁はお取り替えいたします

●2025年度版●
会社別就活ハンドブックシリーズ

【全111点】

運　輸

東日本旅客鉄道の就活ハンドブック

東海旅客鉄道の就活ハンドブック

西日本旅客鉄道の就活ハンドブック

東京地下鉄の就活ハンドブック

小田急電鉄の就活ハンドブック

阪急阪神 HD の就活ハンドブック

商船三井の就活ハンドブック

日本郵船の就活ハンドブック

機　械

三菱重工業の就活ハンドブック

川崎重工業の就活ハンドブック

IHI の就活ハンドブック

島津製作所の就活ハンドブック

浜松ホトニクスの就活ハンドブック

村田製作所の就活ハンドブック

クボタの就活ハンドブック

金　融

三菱 UFJ 銀行の就活ハンドブック

三菱 UFJ 信託銀行の就活ハンドブック

みずほ FG の就活ハンドブック

三井住友銀行の就活ハンドブック

三井住友信託銀行の就活ハンドブック

野村證券の就活ハンドブック

りそなグループの就活ハンドブック

ふくおか FG の就活ハンドブック

日本政策投資銀行の就活ハンドブック

建設・不動産

三菱地所の就活ハンドブック

三井不動産の就活ハンドブック

積水ハウスの就活ハンドブック

大和ハウス工業の就活ハンドブック

鹿島建設の就活ハンドブック

大成建設の就活ハンドブック

清水建設の就活ハンドブック

資源・素材

旭旭化成グループの就活ハンドブック

東レの就活ハンドブック

ワコールの就活ハンドブック

関西電力の就活ハンドブック

日本製鉄の就活ハンドブック

中部電力の就活ハンドブック

九州電力の就活ハンドブック

自動車

トヨタ自動車の就活ハンドブック　　デンソーの就活ハンドブック

本田技研工業の就活ハンドブック　　日産自動車の就活ハンドブック

商　社

三菱商事の就活ハンドブック　　　　伊藤忠商事の就活ハンドブック

住友商事の就活ハンドブック　　　　双日の就活ハンドブック

丸紅の就活ハンドブック　　　　　　豊田通商の就活ハンドブック

三井物産の就活ハンドブック

情報通信・IT

NTT データの就活ハンドブック　　サイバーエージェントの就活ハンドブック

NTT ドコモの就活ハンドブック　　LINE ヤフーの就活ハンドブック

野村総合研究所の就活ハンドブック　SCSK の就活ハンドブック

日本電信電話の就活ハンドブック　　富士ソフトの就活ハンドブック

KDDI の就活ハンドブック　　　　　日本オラクルの就活ハンドブック

ソフトバンクの就活ハンドブック　　GMO インターネットグループ

楽天の就活ハンドブック　　　　　　オービックの就活ハンドブック

mixi の就活ハンドブック　　　　　　DTS の就活ハンドブック

グリーの就活ハンドブック　　　　　TIS の就活ハンドブック

食品・飲料

サントリー HD の就活ハンドブック　日本たばこ産業 の就活ハンドブック

味の素の就活ハンドブック　　　　　日清食品グループの就活ハンドブック

キリン HD の就活ハンドブック　　　山崎製パンの就活ハンドブック

アサヒグループ HD の就活ハンドブック　キユーピーの就活ハンドブック

生活用品

資生堂の就活ハンドブック　　　　　武田薬品工業の就活ハンドブック

花王の就活ハンドブック

電気機器

三菱電機の就活ハンドブック	パナソニックの就活ハンドブック
ダイキン工業の就活ハンドブック	富士通の就活ハンドブック
ソニーの就活ハンドブック	キヤノンの就活ハンドブック
日立製作所の就活ハンドブック	京セラの就活ハンドブック
ＮＥＣの就活ハンドブック	オムロンの就活ハンドブック
富士フイルム HD の就活ハンドブック	キーエンスの就活ハンドブック

保　険

東京海上日動火災保険の就活ハンドブック	三井住友海上火災保険の就活ハンドブック
第一生命ホールディングスの就活ハンドブック	損保ジャパンの就活ハンドブック

メディア

日本印刷の就活ハンドブック	エイベックスの就活ハンドブック
博報堂 DY の就活ハンドブック	東宝の就活ハンドブック
TOPPAN ホールディングスの就活ハンドブック	

流通・小売

ニトリ HD の就活ハンドブック	ZOZO の就活ハンドブック
イオンの就活ハンドブック	

エンタメ・レジャー

オリエンタルランドの就活ハンドブック	任天堂の就活ハンドブック
アシックスの就活ハンドブック	カプコンの就活ハンドブック
バンダイナムコ HD の就活ハンドブック	セガサミー HD の就活ハンドブック
コナミグループの就活ハンドブック	タカラトミーの就活ハンドブック
スクウェア・エニックス HD の就活ハンドブック	

▼会社別就活ハンドブックシリーズにつきましては，協同出版のホームページからもご注文ができます。詳細は下記のサイトでご確認下さい。

https://kyodo-s.jp/examination_company